Eldon Taylor

Nutze die Kraft des Unterbewusstseins
Die Chance deines Lebens

ELDON TAYLOR

Nutze die Kraft des Unterbewusstseins

Die Chance deines Lebens

Aus dem Amerikanischen von Claudia Fregiehn

ARISTON

Die Originalausgabe dieses Buchs erschien 2007 unter dem Titel *Choices and Ilusions. How did I get where I am, and how do I get where I want to be?* bei Hay House, Inc.,Carlsbad, California

Bibliografische Information der Deutschen Bibliothek

Die Deutsche Bibliothek verzeichnet diese Publikation in der Deutschen Nationalbibliografie; detaillierte bibliografische Daten sind im Internet unter http://dnb.ddb.de abrufbar.

Umschlaggestaltung: ZERO Werbeagentur, München
Bildnachweis: FinePic, München
Satz: EDV-Fotosatz Huber/Verlagsservice G. Pfeifer, Germering
Druck und Bindung: GGP Media GmbH, Pößneck
Printed in Germany

ISBN 978-3-7205-4042-1

Für die Eine Quelle, die alles erschuf
und mit der wir alle auf undurchschaubare Weise
verbunden sind – auch Sie.

Und für drei besondere Aspekte dieser Einen Quelle:

Roy, der Wind unter meinen Flügeln,

Lois, der dafür sorgte, dass der Traum weitergeht

und

Ravinder, die mir die Bedeutung der Liebe gezeigt hat.

Inhalt

Vorwort

Als ich das Buch durchgelesen hatte, lehnte ich mich auf dem Sofa zurück und schloss die Augen.

Zuerst wusste ich nicht, warum ich solch ein starkes Verlangen hatte, es gleich noch einmal zu lesen oder es zumindest auf dem Tischchen ganz in meiner Nähe liegen zu lassen. Dann begriff ich es.

Das, was jede Zelle meines Körpers da gerade spürte, war eine neue, kraftvolle Energie, die belebt, verjüngt und mich dazu animierte, auf der Stelle zu handeln. Es war eine Energie, wie nur die Hoffnung sie hervorbringen kann.

In der Tat: Das, was dieses Buch dem Leser bringt, ist Hoffnung. Es ist der Rettungsring, der einem erschöpften Schwimmer, der keine Hoffnung mehr hat, ans Ufer zu gelangen, mitten im Meer von einem plötzlich nahenden Boot zugeworfen wird. Es ist der Weg zurück in die zivilisierte Welt, den ein Reisender plötzlich entdeckt, der sich im ungastlichen Dschungel verirrt hatte.

Dieses Buch bringt dem Leser nicht nur eindringlich nahe, wie der unterbewusste Geist menschliches Verhalten diktiert, es liefert auch die Lösung dazu, wie wir wieder die Kontrolle über unser Leben erlangen können.

In dieser Hinsicht ist das Buch herausragend. Endlich können wir ein Verständnis dafür entwickeln, warum uns verschiedene Dinge in unserem Leben passieren und wie wir beginnen können, unser Schicksal zu verändern, ganz gleich, wie weit wir noch von diesem Wissen entfernt sind.

Dieses Buch ist für jeden geeignet – für Eingeweihte genauso wie für diejenigen, die sich noch immer von Illusionen leiten lassen.

Es ist ein Buch, das dazu bestimmt ist, das menschliche Bewusstsein zu wecken. Es ist so erleichternd zu wissen, dass es nie zu spät ist, Veränderungen anzugehen und wir stets die volle Kontrolle darüber haben, diese Veränderungen einzuleiten.

In meiner Laufbahn als Neurologe habe ich festgestellt, das sich nichts einschneidender auf den Gemütszustand meiner Patienten und auf ihre Fähigkeit, sich in ihrem jeweiligen Zustand zu erholen, ausgewirkt hat, als die plötzliche Einsicht, dass sie dazu fähig sind, ihre Gesundheit selbst zu beeinflussen.

Indem Dr. Eldon Taylor mit diesem Buch eine Brücke zwischen der Wissenschaft und der Spiritualität schlägt, wird er zum Pionier einer Disziplin, die meiner Ansicht nach als Wissenschaft der Spiritualität bezeichnet werden könnte.

Dr. Taylor ist aber vor allem Humanist. Diejenigen, die seine Arbeit über die Jahre kennengelernt haben, merken schnell, dass die Liebe seine Arbeit motiviert, eine bedingungslose Liebe für eine Menschheit am Scheideweg, die es bitter nötig hat, sich selbst neu zu definieren, um zu überleben. Diesem Ziel hat er sein gesamtes Werk und Leben gewidmet.

Ich bin fest davon überzeugt, dass unsere Erde auf Rettung hoffen kann und unsere Zivilisation darauf, ihren Fortschritt in Richtung Erleuchtung fortzusetzen.

Christian Enescu, M.D.

Vorwort des Autors

Auf die Frage, wem ich diese Arbeit widmen könnte, gibt es nur eine einzige Antwort. Das wurde mir neulich morgens völlig klar, als ich gerade an all das Schöne dachte, was mein Leben ausmacht und dafür dankte. Als ich nur an die vielen Wohltaten vom Vortag zurückdachte, erinnerte ich mich an zwei kleine Hausschwalben, die mit mir spielten, als ich das Erdbeerbeet unserer Familie wässerte. Ein Vogel landete auf der Kaffeetasse, die ich in der linken Hand hielt. Der andere saß nicht einmal 15 Zentimeter weit von mir entfernt, direkt über meinem Kopf auf dem Zweig einer Ulme, der über dem Beet hing. Als ob sie mich necken wollten, schnellten die beiden immer wieder in den Wasserstrahl des Gartenschlauches, den ich in der anderen Hand hielt. Ein zauberhaftes Bild: Die beiden Vögel hatten anscheinend keinerlei Angst vor mir. Ich genoss ihre Ausgelassenheit und neckte auch sie, indem ich gelegentlich mit dem Schlauch ruckte und ihnen mit dem Wasserstrahl folgte, als sie hindurchflogen, um sich auf den niedrig hängenden Zweig zu setzen.

Einige Augenblicke lang kannten die Vögel und ich keine Grenzen im Sinne der traditionell angstvollen Beziehung, die allzu häufig zwischen Mensch und Natur besteht. Ich dachte sogar darüber nach, dass es wohl so ähnlich ausgesehen haben müsste, wenn man die Geschichte des Garten Edens in Einzelheiten ausgemalt hätte. Es herrschte eine besondere Art der Einheit, ein von der Einen Quelle ausgehender Einklang, eine Einheit, die über den gemeinsamen Nenner von Atomen und Molekülen, aus denen alles besteht, hinausgeht. Es war die Einheit eines Bewusstseins, das in Frieden, Ausgeglichenheit und Harmonie verweilt – in Harmonie mit allem.

Diese geistige Vision der Erlebnisse mit den beiden kleinen Vögeln und mein Gefühl von Glück und Freude, das meiner Meinung nach auch die Vögel teilten, machen die Bedeutung aus, die in der Widmung dieses Buches liegt. Mögen Sie bei der Verwirklichung Ihres Geburtsrechtes zu der Empfindung kommen, dass dieses Werk Ihre Zeit und Energie verdient hat. Mögen Sie gesund und glücklich sein.

Einleitung

»Es muss noch einen anderen Weg geben« – das ist ein beliebtes Motto in der Politik und im Leben. Uns kommt dieser Slogan oft dann in den Sinn, wenn die Dinge einfach nicht so laufen, wie wir es uns vorstellen. Womöglich stellen wir im Privatleben fest, dass unser Leben wie im Flug vergeht und dass wir, wie der Tiger im Käfig, unruhig auf und ab laufen.

Der Psychologe Abraham Maslow glaubte, dass reife Menschen früher oder später an den Punkt gelangen, an dem sie sich fragen: »Soll das jetzt alles sein?« Dann wird das Prinzip wichtig, das Maslow als »Selbstverwirklichung« bezeichnet hat.

Was ist Selbstverwirklichung? Sie kann, wie auch Erfolg, für unterschiedliche Menschen ganz Unterschiedliches bedeuten. Wie auch der Erfolg ist sie ein Maß an Befriedigung, die in unserem Inneren aufkommt: das Gefühl, jemandem auf irgendeine Weise etwas zu bedeuten, das Gefühl, dass unser Leben einen Sinn und eine Bedeutung hat und auf die eine oder andere Art lebenswert ist.

Ich habe viele so genannte Motivations-Gurus behaupten hören, dass Erfolg vor allem von Geld und Macht abhänge. Ich hörte sie Dinge sagen wie: »Spiritualität ist etwas, womit man sich beschäftigt, wenn man alt ist.« Ich glaube das nicht. Für mich hat das Leben eine tiefere Bedeutung. Jeder von uns hat einmalige Begabungen und Fähigkeiten. Meine Erfahrung legt nahe, dass die meisten ihr eigenes Geburtsrecht nicht erkennen können und in Überzeugungen gefangen sind, die ihre persönlichen Möglichkeiten einschränken. Ich meine, dass es im Leben darauf ankommt, diese einzigartigen Begabungen und Fähigkeiten so gut wir können einzusetzen, indem wir unserem inneren Ruf folgen, mit unserem Leben etwas zu bewirken.

Im Laufe unseres Lebens müssen wir unsere (Denk)-Muster immer wieder neu aufrollen und unsere Möglichkeiten nochmals prüfen. Ich möchte mit diesem Buch allen, die sich entscheiden, es zu lesen, eine alternative Denkweise aufzeigen und sie dabei unterstützen, ihre gewohnten Denkmuster zu verändern.

Ich puzzle gern. Bei den schwierigsten Puzzlespielen muss man kleine Teile zu größeren zusammensetzen, bevor man alle Teile zu einem vollständigen Bild verbinden kann. So muss man in etwa auch vorgehen, um die in diesem Buch präsentierten Alternativen zusammenzufügen. Manchmal mag es Ihnen scheinen, dass ich bei einem Thema, um das es gerade geht, auf Seitenpfade gerate oder abschweife. Deshalb habe ich meine eigene Geschichte eingearbeitet, um die vielen kleinen Teile zu einem zusammenhängenden Ganzen miteinander zu verweben.

Der intuitive Geist ist ein heiliges Geschenk
und der rationale Geist ist ein treuer Diener.
Wir haben eine Gesellschaft erschaffen, die
den Diener ehrt und das Geschenk vergessen hat.
Albert Einstein

1. Kapitel

Sie haben die Wahl – Lassen Sie sich (nicht!) täuschen?

Frei wiedergegeben sagte Krishnamurti: »Die Wahl zu haben, ist eine Illusion. Tu ich dieses, tu ich jenes – all dies ist Verwirrung. Nur wenn ich verwirrt bin, kann ich wählen. Sehe ich klar, so gibt es keine Wahl.«[1] Vor dreißig Jahren zeigte der Physiologe Benjamin Libet auf, dass bereits Millisekunden, bevor ein Gedanke aufkommt, Aktivität im Unterbewusstsein herrscht. Also liefert uns das Unterbewusstsein unsere sogenannten »Gedanken«.[2]

Die meisten Menschen möchten wissen, wie sie ihr Leben optimieren können. Normalerweise glauben sie, dass sie glücklicher würden, wenn sie mehr Geld, mehr Macht, mehr Erfolg und bessere Beziehungen hätten. Dank solcher Überzeugungen ist die Welt voller selbsternannter Heilsbringer. An jeder Ecke gibt es einen Motivations-Guru und es mangelt nicht an Leuten, die nur darauf warten, ihre Zeit und ihr Geld zu investieren, um hinter die »Erfolgsgeheimnisse« zu kommen. In gewisser Hinsicht bin ich auch nicht viel anders; doch ich habe dreißig Jahre lang mit Menschen gearbeitet, die emotionales Leid erfahren haben, mit Menschen, die auf der Suche nach innerem Frieden waren, mit Athleten, die

Goldmedaillen gewinnen wollten und mit gewöhnlichen Menschen, die versuchten, ihren Platz in dieser Welt zu finden. Bei dieser Arbeit habe ich vor allem eines gelernt: Das vermeintliche Erfolgsmuster stimmt überhaupt nicht.

Was ist hier falsch?

Was kann denn falsch daran sein, mehr Geld oder bessere Beziehungen haben zu wollen? Gar nichts! Was meine ich denn dann damit, dass das Muster nicht stimmt? Es ist verkehrt und muss vom Kopf auf die Füße gestellt werden. Doch bevor ich erkläre, was ich damit meine, muss ich erst einmal ein wenig ausholen.

Am Anfang war der Urknall. Vor der Welt mit Schuhen, Schiffen und Siegelwachs existierte – dem hervorragenden Physiker Stephen W. Hawking zufolge – nur Singularität. Die teilte sich und PENG – war alles geboren. Alles – aus etwas, das wir uns nur als ein ganz, ganz stark verdichtetes Nichts vorstellen können. Um es anders auszudrücken: Aus keinem einzigen Ding ging ein jedes Ding hervor.

Laut den Schöpfungsgeschichten der meisten großen Religionen dachte zu Beginn die Eine Quelle oder der Schöpfer über sich selbst nach (typisch für Ihn), dann teilte er sich selbst und erschuf alles. Man beachte, dass die Worte *Singularität* und *Schöpfer* nur Bezugspunkte für die jeweilige Sichtweise sind. Das heißt, wenn man geneigt ist, von einem Großartigen Ordner Transzendenter Themen, (G.O.T.T.) auszugehen, dann besagt das Wort, das man gewählt hat, genau dies. Geht man einer solchen Kraft eher aus dem Wege, sagt das (andere) gewählte Wort auch das aus. Also trennt die Grundauffassungen von der Schöpfung nur ein einziges Wort voneinander, denn: Alles kommt aus derselben Quelle. Im Grunde genommen hängt notwendigerweise alles mit allem zusammen und voneinander ab. Das werde ich später noch ausführlicher erläutern. Vorerst behaupte ich einfach mal (und da bin ich nicht der Erste), dass Sie, Ihre Nachbarn und die Atome, aus denen Ihr Haustier besteht, alle miteinander und mit dem gesamten Universum einen Zustand des Seins teilen, der auf gegenseitiger Abhängigkeit beruht.

Bringen wir einmal ein wenig Fantasie auf und fangen vorne an. Bitte stellen Sie sich nur einen Augenblick lang vor, dass Sie kein Mensch sind, sondern ein Huhn. Nicht irgendein Huhn, sondern eines einer besonderen, hoch entwickelten Art von Hühnern. Ihre Spezies blickt auf eine Geschichte großer Denker zurück. Sie haben mit der ersten aller Fragen gekämpft: »Woher komme ich?« Viele Philosophen haben Ihre Sprache benutzt, um alles durcheinanderzubringen: »Was war zuerst da, die Henne oder das Ei?« Ihre wissenschaftliche Elite hat darauf bestanden, dass diese Frage irrelevant sei und kategorisch behauptet, dass Sie aus der Evolution einer einzigen Zelle stammen, die aus molekularen Bausteinen besteht. Diese haben sich wiederum von jeher an die Bedingungen ihrer Umwelt angepasst, ungeachtet der Tatsache, dass es das eigentliche Material, aus dem man das erste DNA-Molekül gebaut hat, so gar nicht gab und dass DNA nur mithilfe von DNA erzeugt werden kann.[3] Viele Ihrer Psychologen haben die allgemeine Meinung vertreten, dass den meisten Verhaltensweisen Ihr Grundbedürfnis nach Lebenserhaltung zugrunde liegt, nämlich Ihre Triebstrukturen: Kampf, Flucht, Ernährung und Fortpflanzung. In der Tat werden komplexe Verhaltenstheorien mithilfe der Mechanismen des »Überlebens des Stärkeren, bzw. Angepasstesten« – also der grundlegenden, für die Vermehrung Ihrer Spezies erforderlichen Triebe – auf eine Art und Weise ausgelegt, über die sich sogar Psychologen uneinig sind. Einige Ihrer metaphysischen Lehrer predigen – obwohl überwältigende Beweise des Gegenteils vorliegen – die Theorie der Unvollkommenheit und eines Erdalters von nur wenigen tausend Jahren. Laut dieser Theorie hätten Hühner eigentlich perfekt erschaffen werden können, doch sie sind es nicht. Sie sind auf der Welt, um zu leiden und je mehr und umso besser sie leiden, desto wahrscheinlicher ist es, dass sie gerettet werden oder in den Hühnerhimmel kommen. Hühner, die an dieses Paradigma glauben, haben daran gearbeitet, andere Hühner zu ihrem Glauben zu bekehren und, ob man es glaubt oder nicht, viele Hühner ließen sich auch bekehren.

Das Leben ist eine Hühnerleiter und es ist gewiss, dass Sie sterben und wenn Sie sterben, dann geschieht etwas Wundervolles, wenn Sie denn ihren Willen unter Beweis gestellt haben, für Ihr unvollkommenes, fehlerhaftes Selbst bestraft zu werden – für das Selbst, das der Schöpfer erschaffen hat.

Ihre Sozialwissenschaftler haben Gruppenverhalten quantifiziert und statistische Rückschlüsse als Ergebnis daraus vorgelegt. Jetzt sind sie in der Lage, Vorhersagen über die Art Ihrer sozialen Organisation, über Ihre Paarungsgewohnheiten und über vieles andere zu machen. Spezialisierte Gruppen haben sogar interdisziplinäre Theorien entwickelt, auch solche, die Ihren Geist abgebildet haben und die Sie darüber informieren, was welcher Winkel des Geistes gerade vorhat, wie er Informationen verarbeitet und so weiter. Ihre Wissenschaftler sind wirklich großartig. Warum? Weil sogar schon die DNA Ihrer Spezies erfasst worden ist. Was für eine hoch entwickelte Gattung Sie aber auch sind!

Trotz allen Fortschritts gibt es aber noch immer Gruppen-Hühnerställe mit Einzelnestern, aus denen auch Ihr Hühnerhof oder Ihre Hühnergemeinschaft besteht. Lassen Sie uns nun noch ein bisschen mehr Vorstellungskraft aufbringen und eine Geschichte erzählen, um ein vollständiges Bild davon zu erhalten, was ich hier zu beschreiben versuche. Stellen wir uns einfach einmal ein Geschöpf vor, das in unserer Geschichte von Hühnern großgezogen wird.

Ein weibliches Adlerjunges war anscheinend aus seinem Nest gefallen, als es noch ganz jung war. Es lief umher, bis es zufällig auf einen Hühnerhof geriet, wo eine ältere Henne sich des Kleinen annahm und es aufzog. Die Hühner lehrten das Adlerjunge, ein Huhn zu sein. Es lernte Löcher zu graben und sich mit dem Hinterteil zuerst in sie hineinzuwühlen, um an heißen Tagen Schutz vor der Hitze zu suchen. Die Kleine lernte mit ihren Krallen zu kratzen und wurde bald dafür geschätzt, sie besonders tief in die Erde hineinbohren zu können. Sie lernte viel von den Hühnern und obwohl sie so groß war, liebten sie viele. In ihrem Hühnerstall war sie sicher, bei ihrer Adoptivmutter und umgeben von Freunden. Dennoch fühlte sie sich manchmal fehl am Platz, auf unerklärliche Weise unwohl, unausgefüllt und unnatürlich. Dann beruhigten ihre Freunde sie und sagten Dinge wie: »Andere Hühner legen auch nicht übermäßig viele Eier« und: »Manche Hennen machen nur so gut wie keine Geräusche, wenn sie ein Ei legen.« Sie vertraute ihren engsten Freunden und die meisten versicherten ihr, dass das Leben nun einmal so sei und dass sie sich mit der Zeit schon anpassen werde. Sie müsste sich nur noch etwas mehr anstrengen – kein Wunder, denn ihre biologische Mutter hatte sie doch im Stich gelassen. Es war tröstlich, dass es nicht ihr Fehler war – ihre Mutter war schuld. Anders als die Möwe Jonathan[4] hatte sie keine große Möwe an ihrer Seite, die sie etwas anderes lehrte. Von daher geriet ihr Potenzial, die Möglichkeiten, die sie im Leben hatte, völlig in Vergessenheit, bis ein männlicher Adler oben am Himmel sie eines Tages beim Scharren auf dem Hühnerhof entdeckte.

Sie ist solch ein großartiger Adler, dachte er, als er hinuntergeflogen kam, um mit ihr zu reden, doch ein Huhn hatte seinen Schatten erblickt und warnte die anderen. Der weibliche Adler, der übrigens Nina hieß, hastete schnell mit den Hühnern zum Hühnerstall, wo sie sich für den Rest des

Nachmittags versteckten. Der männliche Adler war verwirrt, aber entschlossen.

Es vergingen Tage, bevor sich ihm eine neue Gelegenheit bot. Damit er keinen Schatten werfen konnte, schoss er mit der Sonne im Gesicht vom Himmel hinunter und schnitt Nina, die wieder auf dem Rückzug war, den Weg ab, fast noch bevor irgendjemandem auf dem Hof bewusst wurde, dass er näher kam. Die Hühner versteckten sich im Hühnerstall – nicht ein einziges wagte es, einen Schritt nach draußen zu gehen, um nachzusehen, was wohl gerade mit Nina geschah.

Von dem männlichen Adler gefangen, duckte sich Nina vor Angst, vor lauter Sorge war sie fast gelähmt.

»Warum bist du denn hier?«, fragte er.

Nina war nicht fähig, zu antworten. Sie konnte nur zittern und zu Boden schauen. »Was machst du hier?«, fragte er weiter. »Ich habe noch nie einen Adler mit Hühnern zusammen brüten sehen, obwohl ich gehört habe, dass so etwas vorkommen soll. Hast du den Verstand verloren, Mädchen?«

Nina schaute auf. Plötzlich kam ihr ein Einfall, denn sie war ein schlaues Huhn. »Du hast mich einen Adler genannt?«, fragte sie demütig.

»Klar! Du bist ja auch einer. Hast du dich denn nicht einmal angeschaut? Hast du denn noch nie den Drang verspürt, deine Flügel auszubreiten und dich aufzuschwingen? Fühlst du dich bei diesen Hühnern denn nicht fehl am Platz? Glaubst du etwa, dass diese Krallen dazu geschaffen wurden, um in der Erde zu graben? Ich habe dich jetzt seit Tagen beobachtet. Du tust alles, was die Hühner tun. Warum nur?«

Nina starrte in seine Augen. Sie waren groß und braun. Seine Pupillen waren tiefschwarz und füllten fast das ganze Auge aus. Er sah aus, als ob er in die Unendlichkeit schauen könnte. »Du hast mich beobachtet?«, fragte sie.

»Ja, ich habe dich beobachtet, doch eins verstehe ich nicht. Du bist zu so vielem fähig. Ich könnte dir tagelang von

Abenteuern und Anblicken erzählen, die mein Leben erfüllt haben und die auch deines erfüllen sollten. Du wurdest mit solch einem unbegrenzten Potenzial erschaffen, du gehörst einfach nicht auf diesen Hof. Du bist ein schöner und fähiger Adler. Kannst du das denn nicht verstehen?«

Nina fühlte sich nun stärker. Irgendetwas stimmte nicht mit diesem Adler. *Er muss eine Art messianischen Komplex haben*, dachte sie. Man denke nur daran, wie er meinte, dass sie sich aufschwingen könne. Nina sagte: »Ich bin also ein Adler, kann mich aufschwingen und Dinge tun, die ich nie getan habe, die du mir aber zeigen wirst. Ist das richtig?«

»Es steckt alles in deinem Inneren, Mädchen. Folge Deinen Gefühlen, sei natürlich, sei du selbst. Du bist kein Huhn, das verspreche ich dir.«

»In dem Fall wirst du mich also nicht verletzen«, fuhr Nina fort, »denn ich bin ja ein Adler.«

»Natürlich nicht. Was soll denn der Unsinn?«

»Also gut«, sagte Nina zuversichtlich, »dann beweis mir das. Geh mal zur Seite, damit ich gehen kann, wenn ich will.«

Daraufhin trat der männliche Adler Nina aus dem Weg. Sie ergriff die Chance, machte das Beste aus ihrem Plan und rannte geradewegs zum Hühnerstall. Sobald sie drinnen war, erzählte sie den Hühnern, wie sie den dummen alten Adler ausgetrickst hatte. Sie lachten und belohnten sie mit ihrer Hühneranerkennung. »Was für ein gutes, schlaues Huhn du bist, Nina!« Selbst der alte Hahn sagte freundlich zu ihr: »Ich bin stolz auf dich, Nina. Diesen alten Adler hast du zweifellos überlistet.«

Inzwischen ist die Moral der Geschichte deutlich. Die meisten Menschen wurden an eine Kultur gewöhnt, in der sie lernen, bestimmte Dinge einfach hinzunehmen und zu glauben. Auf diese Weise erkennen sie ihr wirkliches Potenzial nicht und werden es vermutlich sogar verleugnen. Wie die Hühner auf dem Hühnerhof sind wir alle *geprägt* worden.

Verhaltensforscher verwenden diesen Ausdruck für das Verhalten, mit dem Tiere versuchen, akzeptiert zu werden, indem sie ihre Bezugsgruppe imitieren. So werden sich ein Adler oder ein Entenküken, die auf einem Hühnerhof aufgezogen werden, genauso wie Hühner verhalten und so weiter. Die erste Lehre dieser Geschichte wirft folgende Frage auf: Wie viele Hühner-Überzeugungen begrenzen Sie und entfremden Sie momentan von Ihrem Potenzial?

Vor mehr als dreißig Jahren schrieb Ronald Laing in seinem Buch *Die Phänomenologie der Erfahrung*: »Der Zustand der Selbst-Entfremdung ist der Zustand des normalen Menschen.« Alan Watts zitierte in seinem Buch *Psychotherapie und östliche Befreiungswege* eine Rede von Carl G. Jung, die er vor einer Gruppe von Geistlichen im Jahr 1938 hielt. Sinngemäß gebe ich diesen Auszug hier wieder: »Dass ich einem Hungernden zu essen gebe, dass ich meinem Mitmenschen böse Worte verzeihe und dass ich meinen Feind liebe – all dies sind wunderbare Eigenschaften. Wie ich den geringsten meiner Brüder behandle, so behandle ich Jesus. Doch was ist, wenn ich erkennen sollte, dass der Geringste unter ihnen, der ärmste aller Bettler, der niederträchtigste aller Missetäter, ja, der Teufel selbst – dass all sie sich in meiner Person aufhalten, und dass ich selbst dastehe und eigentlich auf mein eigenes Mitgefühl angewiesen bin, dass ich selbst mein größter Feind bin, den ich eigentlich lieben soll – was dann?«

Stellen wir uns vor, im Menschsein wären negative Erwartungen vorprogrammiert. Wie Flöhe in einem Flohzirkus wurden wir dazu erzogen, zu glauben, dass eine unsichtbare Dachkuppel festlegt, wer wir sind, wie hoch wir uns erheben können. Sie bestimmt auch grundlegende Parameter wie unsere Lebenserwartung und unseren Gesundheitszustand usw. Es handelt sich um selbst auferlegte Begrenzungen, die uns völlig unbewusst sind, Grenzen, die wir respektieren, obwohl sie unrealistisch sind und obwohl uns unsere Vorbilder, Genies und Helden gesagt haben, dass wir sie nicht beachten müssen. Doch wie unser weiblicher Adler glauben auch wir, dass wir es besser wissen, oder wir kommen einfach nicht darauf, wie wir diese Begrenzungen durchbrechen können.

Schauen Sie sich einmal die neun Sterne auf der nächsten Seite an. Nehmen Sie einen Bleistift oder Kugelschreiber und verbinden Sie die Mittelpunkte aller neun Sterne mit vier geraden Linien, ohne dabei den Stift vom Blatt zu heben. Versuchen Sie es, wenn nicht mit einem Schreibgerät, dann im Geist.

Nun blättern Sie bitte um, und sehen Sie, wie einfach es ist, die Sterne mit vier Linien zu verbinden, wenn Sie die Grenzen, die durch die Sterne angedeutet werden, nicht akzeptieren.

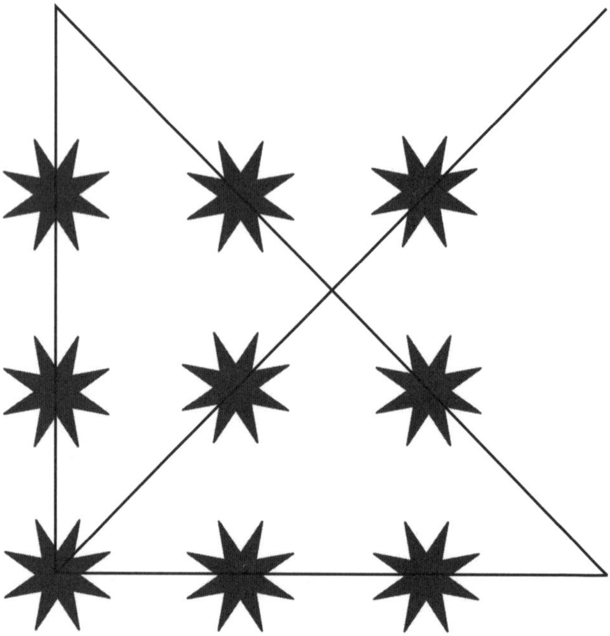

Wenn Sie so reagieren wie fast alle anderen auch, dann sind Sie nicht darauf gekommen, die Linien über die scheinbaren Grenzen der Sterne hinaus zu ziehen. Wenn Ihnen das nicht einfällt, liegt es auch nicht im Bereich Ihrer Wahlmöglichkeiten. Lassen Sie uns diesen Gedanken anhand einer weiteren Geschichte verdeutlichen, denn Geschichten und Bilder bleiben uns im Sinn und sie sind oft mehr wert als die Worte, mit denen sie erzählt werden.

Stellen Sie sich vor, dass Sie zum ersten Mal New York City besuchen. Sie sind von der Skyline beeindruckt, von all diesen enorm großen Häusern. Sie kommen in einen schönen Stadtteil voller Hochhäuser mit Eigentumswohnanlagen. Die Eigentumswohnungen sind wirklich luxuriös, alle haben Balkons, die über den Bürgersteig hinausragen. Es ist ein herrlicher Tag. Die Sonne scheint und Sie spüren eine leichte, behagliche Brise. Die Luft ist ungewöhnlich frisch, und Sie gehen einfach, nehmen die Anblicke und Geräusche in sich auf und genießen den Tag in vollen Zügen. Das ist New York – über diese Stadt haben Sie schon viele Gerüchte gehört, doch sie ist hell, freundlich und einladend, und Sie denken schon daran, was Sie Ihren Freunden zu Hause alles erzählen werden.

Von einem Balkon im dritten Stock über Ihnen fällt plötzlich ein Blumentopf herab und schlägt Ihnen auf den Kopf. Der Topf prallt ab, fällt auf den Gehweg und zerspringt in Stücke. Sie sind nicht schwer verletzt, doch Ihr Kopf schmerzt. Sie spüren eine Wulst, die schnell zu einer recht großen Beule anschwillt. Sie haben eine unangenehme Schürfwunde auf dem Kopf, die brennt, wenn Sie sie berühren und an Ihrer Hand bleibt ein wenig Blut kleben. Der Schreck und der Schmerz haben Ihren Adrenalinspiegel in die Höhe getrieben. Der Kampf-/Flucht-Mechanismus hat eingesetzt, die neurochemischen Botenstoffe fließen. In Ihnen steigt Wut auf. Sie haben jetzt mehrere Möglichkeiten zur Auswahl.

Was würden Sie tun?

Lassen Sie uns einen Moment lang darüber nachdenken und einige Möglichkeiten prüfen – Möglichkeiten, die mir im Laufe der Jahre bei meinen Vorträgen genannt wurden. Sie könnten zu dieser Eigentumswohnung im dritten Stock hinaufgehen und dort alle vermeintlich Verantwortlichen zur Schnecke machen. Sie könnten aber auch dort hinaufgehen, bloß um festzustellen, dass es sich bei dem Besitzer um einen Abwehrspieler aus einer Profimannschaft im American Football handelt, dessen Bizeps einen größeren Umfang hat, als Ihre Taille. Dann würden Sie Ihren Plan vermutlich ändern.

Was könnten Sie noch tun? Einige könnten darin eine günstige Gelegenheit sehen: »Ich werde diesen Typen verklagen. Jeder, der einen Blumentopf so dicht an die Kante der Balkonumrandung stellt, sollte eine Lektion erhalten. Was wäre denn, wenn er zum Beispiel ein Kleinkind getroffen hätte, oder ein Baby, das im Kinderwagen unter dem Balkon vorbeigeschoben wird? Das wird ihnen eine Lehre sein, damit sie in Zukunft besser aufpassen. Was man für Gehirnerschütterung und Schleudertrauma wohl bezahlt bekommt?«

Was könnten Sie sonst noch tun? Nun, manche könnten denken, dass der Vorfall ein Zeichen der Götter war. Es ist Zeit, metaphysisch zu werden, schließlich könnte der Schlag die Erleuchtung gebracht haben. Er könnte sogar einer dieser Blitzschläge sein, durch die Menschen besondere metaphysische oder parapsychologische Fähigkeiten gewinnen. Wie zum Beispiel John Travolta, der im Film *Phenomenon – das Unmögliche wird wahr* ein geheimnisvolles Licht sieht und sich danach alles merken kann, was er liest und mit bloßen Gedanken Gegenstände bewegen kann. Solch ein Mensch ist fast zu allem fähig. Bei ihm ist es so, als ob man auf der Stelle das Wissen des gesamten Universums erwerben würde.

William James, ein bekannter Psychologe und Philosoph, ist zu Ansehen gelangt, indem er den Begriff *pragmatisch* prägte. Was heißt pragmatisch? In unserem Beispiel bedeutet es nichts weiter, als auf Reize auf die Art und Weise zu antworten, die für Sie stimmig ist. Was wäre für Sie stimmig? Was wäre denn, wenn Sie die Blume vom Gehweg aufgehoben hätten und sie in einen Blumenladen gebracht hätten, um sie wieder eintopfen zu lassen? Was wäre denn, wenn Sie einen hübschen Topf gewählt hätten und die Pflanze im neuen Topf zum Besitzer brächten und ihm erklärten, wie sie in den neuen Topf gekommen ist? Sie könnten ihm zum Beispiel etwas Ähnliches erzählen wie: »Ihr Blumentopf ist von

Ihrem Balkon gefallen und hat mich am Kopf getroffen. Der Topf zerschlug auf dem Bürgersteig, deshalb habe ich die schöne Blume zum Blumenhändler gebracht, der sie für Sie wieder eingetopft hat. Hier ist sie. Ich hoffe, dass Ihnen der neue Topf gefällt.«

Bei welcher von all diesen Reaktionen würden Sie sich Ihrer Ansicht nach am besten fühlen? Welche von all diesen Reaktionen würde Ihrer Ansicht nach diese neurochemischen Botenstoffe für Kampf/Flucht in solche für Wachstum und Vergnügen verwandeln?

Einer meiner Bekannten, der Zellbiologe und Bestseller-Autor Dr. Bruce Lipton, erklärt den Körper nach folgendem Muster: Er hat, wie eine Regierung, zwei Budgets: einen Verteidigungshaushalt und einen für Wachstum. Wenn der Körper also zur Verteidigung (Kampf/Flucht) übergeht, kann er nicht wachsen. Ist der Körper friedlich, wird der Haushalt voll und ganz für das Wachstum eingesetzt (optimale Gesundheit und Wohlbefinden). Denken Sie einen Augenblick lang an dieses Budget (auf dieses Thema werden wir später noch zurückkommen) und stellen Sie sich vor, dass Kampf und Flucht im modernen Menschen durch Verängstigung und Depression ersetzt wurden. Man erkennt leicht, dass dieser angespannte Erregungszustand zwar normal ist, aber ungesund. Das heißt, dass Verängstigung und Depression Alarmzustände sind (Kampf/Flucht) und den meisten Menschen begegnet im Alltag eine Vielzahl von Reizen, die die Anspannung im Körper aufrechterhalten.

Welche der Wahlmöglichkeiten im Zusammenhang mit unserer Blumentopf-Geschichte würde Ihnen nun am nützlichsten sein? Die Antwort ist naheliegend. Wenn sie aber so naheliegend ist, warum fällt sie uns dann nicht gleich ein? Hier liegt der Kernpunkt, auf den ich hinauswill. Warum gelingt es uns nicht, in einer Situation wie in unserer Blumentopf-Geschichte – und glauben Sie mir, es geschieht uns allen immer wieder, dass wir im Verkehr ausgebremst werden oder dass sich jemand in der Warteschlange vordrängelt – warum schaffen wir es in solchen Situationen nicht, das Naheliegende zu sehen, sondern wählen stattdessen die schlechtere Möglichkeit?

Die Wahl haben – tue ich dies oder tue ich jenes? Was habe ich denn für eine Wahl, wenn ich keine Alternative sehen kann, die besser ist, als das kleinste aller Übel? Was soll es denn bedeuten, wenn man an Willens- und Wahlfreiheit glaubt und sich trotzdem vor Verantwortung drückt? Genau wie Freiheit und Demokratie miteinander einhergehen, wird Wahlfreiheit von Verantwortung begleitet. Sei es aufgrund unserer Willens- oder unserer Redefreiheit – jeder von uns trägt selbst die Verantwortung dafür, sich zu informieren und sich im Ergebnis intelligent zu verhalten. Und wie entgehen wir nun den engen, selbst auferlegten Begrenzungen, die unsere sogenannten Wahlmöglichkeiten vorab festlegen?

Bevor wir uns mit der Antwort auf diese Frage beschäftigen, ist es sinnvoll, das Menschsein etwas besser zu verstehen, nämlich wie wir unsere selbst begrenzenden Vorstellungen erlernen und wie wir das wahrnehmen, was wir wahrnehmen.

Schmeichle mir und vielleicht glaub' ich dir nicht.
Kritisiere mich und vielleicht mag ich dich nicht.
Ignoriere mich und vielleicht vergebe ich dir nicht.
Ermutige mich und ich werde dich
wohl nicht vergessen.
William Arthur

2. Kapitel

Erschaffen Sie Ihr Selbst!

Die meisten von uns sind beim Erwachsenwerden in eine Kultur hineingewachsen, in der wir bestimmte Dinge akzeptieren und glauben, die unser wahres Potenzial begrenzen können und dies wahrscheinlich auch tun.

Viele Schätzungen gehen davon aus, dass man für jede positive, bestätigende Information, die man verarbeitet, 90 oder mehr negative Informationen erhält. Wir werden also für jedes Lob oder jede Bestätigung, die wir erhalten, ca. 90-mal mit der gegenteiligen Information »gefüttert«. Als Ergebnis davon sind die meisten Menschen in selbst begrenzenden Überzeugungen über ihre Fähigkeiten gefangen, die ihre Intelligenz, ihr Wachstum und sogar ihre Gesundheit und ihr Glück betreffen. Eine Studie hat gezeigt, dass Überzeugungen nicht nur die Berufswahl, sondern auch die Todesursache beeinflussen können. Diese Studie unter der Leitung von Dr. David Phillips von der University of California in San Diego untersuchte den in Asien verbreiteten Glauben an Geburtszeichen. In Asien gehen viele Menschen davon aus, dass das Zeichen, unter dem man geboren wird, wie beispielsweise der Hund, darauf hinweist, worin man gut ist und welchen Beruf man aufgrund dessen ergreifen könnte. Das

Zeichen gibt ebenfalls Auskunft über die Todesursache, wie etwa eine Herzerkrankung oder Krebs. Die Untersuchung zeigte klar auf, wie sich solche Überzeugungen und Ereignisse – ganz unabhängig vom Lebensstandard und -wandel des Einzelnen – aufeinander beziehen. Mit anderen Worten konnten auch ein einwandfreier Lebenswandel und Selbstverleugnung den Krebs nicht abwenden, wenn das Geburtszeichen ihn als Todesursache prophezeit hatte[5].

Im Frühjahr 1991 habe ich eine Umfrage unter Ärzten durchgeführt, die sich einverstanden erklärt hatten, ihren Patienten zu erlauben, das *InnerTalk*®-Programm anzuwenden, ein besonderes Versuchsprogramm mit subliminalen, also unbewussten Botschaften, das ich für die Krebsbehandlung entwickelt hatte. Ziel der Studie war es, die Lebenserwartung im Vergleich zu den tatsächlichen Sterblichkeitsraten von Krebspatienten zu untersuchen. Der Fragebogen ging an Ärzte, deren Patienten das Programm vor zwei bis vier Jahren erhalten hatten. Die zwölf Fragen konnten auf einer Skala von 1 bis 5 beantwortet werden:

1. ich stimme gar nicht zu
2. ich stimme nicht zu
3. neutral
4. ich stimme zu
5. ich stimme voll und ganz zu

Die zwölf Fragen waren in vier allgemeine Kategorien eingeteilt:

1. Die Einstellung des Patienten gegenüber seiner Krankheit, bevor er das Programm angewendet hat;
2. die Einstellung des Patienten gegenüber der Krankheit, nachdem er das Programm angewendet hat;
3. das Überleben des Patienten und seine Lebensqualität;

4. was der Arzt davon hielt, dass der/die Patient/in glaubte, sein oder ihr Geist könne den Gesundheitszustand beeinflussen.

Diese Untersuchung lieferte viele interessante Ergebnisse, einschließlich erheblicher Besserungsquoten: 38 Prozent der sogenannten unheilbar Kranken befanden sich beim Abschluss der Studie auf dem Weg der Besserung. Es gab ein weiteres Ergebnis, das Sie erstaunen dürfte. Welche der vier oben genannten Kategorien beeinflusste aus Ihrer Sicht die Lebenserwartung oder den Grad der Genesung der Patienten am stärksten?

Die meisten glauben, dass es die Einstellung des Patienten sei, obwohl dieselben Menschen sagen würden, dass eine unheilbare Krankheit wie Krebs nicht allein dadurch beeinflusst werden kann, dass der Patient seine Einstellung zu ihr ändert. Es war auch nicht die Einstellung des Patienten, die ausschlaggebend dafür war, ob der Patient leben oder sterben würde, sondern die des Arztes.

Wenn der Arzt nicht glaubte, dass die Beschäftigung des Patienten mit dem Subliminal-Programm oder seine Einstellung den Krebs beeinflussen konnten, starb der Patient; unabhängig davon, mit welcher Methode er behandelt wurde – Bestrahlung, Chemotherapie o.a. Der Patient starb, ungeachtet seiner eigenen Einstellung zu seiner Krankheit oder zu ihrem letztendlichen Ausgang. Der einzige Faktor, der in nahezu jedem Fall den Ausschlag gab, war die Einstellung des Arztes.

Berücksichtigt man nur die Berichte der Patienten, deren Ärzte zumindest teilweise der Auffassung waren, dass der Geist für die Gesundheit des Patienten eine gewisse Rolle spielte, stieg die Überlebens- bzw. Genesungsquote auf 46 Prozent. Sehen wir uns die Ärzte an, die stark mit der Ansicht übereinstimmten, dass der Geist oder die Einstellung des

Patienten wichtig für die Gesundheit und/oder die Gesundheitsvorsorge sind: Bei ihren Patienten stieg die Überlebens- bzw. Genesungsquote auf 60 Prozent. Wenn wir den Fokus weiter auf die Fälle verengen, in denen Patient und Arzt beide eher stark daran glaubten, dass der Geist für das Wohlbefinden eine wichtige Rolle spielt, stieg die Überlebens- bzw. Genesungsquote auf 100 Prozent an.

Mir zeigte diese Studie deutlich, dass der Geist nicht nur den Körper heilen kann, sondern dass das, was die Betreffenden selbst »zu können glaubten«, den Verlauf unmittelbar beeinflusste. Die Kraft des »Glaubens an sich selbst« wurde auch in einem richtungsweisenden Forschungsprojekt von Dr. Ellen Langer unter Beweis gestellt, bei dem bestimmte Merkmale des Alterns in ihr Gegenteil umgekehrt wurden.

Dr. Langer von der Harvard Universität ist mit »alten Menschen« aufs Land gefahren, wo sie sich eine Woche lang abgeschirmt aufhielten. Den älteren Leuten wurden folgende Dinge präsentiert: »Fotos, Zeitungen, Radio (Musik und Werbung) und Diskussionen, die streng auf Themen beschränkt waren, die zwanzig Jahre zuvor und noch früher aktuell waren. Am Ende der Woche sahen die Mitglieder der Gruppe drei Jahre jünger aus, sie hatten zugenommen, verhielten sich unabhängiger und konnten sogar besser hören.« Als die »alten Menschen« nicht länger daran dachten, alt zu sein, und in einen »jüngeren« zeitlichen Bezugsrahmen zurückversetzt wurden, wurde ihre Alterung – zumindest teilweise – rückgängig gemacht.[6]

Jeden Tag überfluten die Medien ihr Publikum mit Nachrichten über Krankheiten. Typischerweise zielen diese Botschaften darauf ab, ein Heil- oder Gegenmittel zu verkaufen, doch um so etwas zu verkaufen, müssen sie zunächst die Krankheit bekannt machen oder verkaufen. Diese sogenannte

Werbung schafft Überzeugungen und Erwartungen. Wenn Ihnen die Medien jeden Tag erklären, was Sie krank machen und sogar töten wird, fragt man sich, wie viele Krankheits- und Todesfälle sie dadurch wohl selbst erzeugen. Ich glaube, dass es wirklich ein Verbrechen ist oder zumindest als solches gewertet werden sollte, Unwohlsein auf diese Weise zu verkaufen.

Die Medien zeigen natürlich auch Erfolgsbilder, wie man sich kleiden kann, wie man sich pflegt usw. Solche Bilder verkaufen Waren wie Sportwagen, Kosmetik und dergleichen. Das mag gut für die Wirtschaft sein, doch wenn das Bild nicht genau dem entspricht, wie man sich selbst sieht, dann suggeriert es dem Betrachter, er sei unvollkommen.

Filme, wie zum Beispiel der erste *Rambo*-Film, romantisieren es, mit anderen abzurechnen. Durch Gewalttaten gegen die »Bösen« erzeugen Helden und Heldinnen Bilder von Mut und Stärke. Kinder kopieren das. Werbetreibende verkaufen nicht nur die Filme selbst, sondern auch entsprechendes Zubehör – zum Beispiel Spielzeug. Welches Kind, das *Krieg der Sterne* gesehen hat, will nicht auch ein Laserschwert haben wie die Jedi-Ritter?

Bezugsgruppen, Eltern und Lehrer sind oft unsensibel. Durch ihre Worte, Blicke, Gesten und sogar Witze fühlen sich Menschen häufig herabgesetzt. Wir sehnen uns alle danach, dazuzugehören, gefragt und wichtig zu sein. Da aber das Negative das Positive so stark überwiegt, ist es insgesamt nicht verwunderlich, dass so viele Menschen das Gefühl haben, ihr wahres Selbst sei in einer leeren Schale gefangen, während das Leben an ihnen vorüberrauscht.

Kompensation ist ein psychologischer Mechanismus, den der Psychiater H. S. Sullivan als solchen identifiziert hat. Wenn es Einzelnen an Vertrauen und Achtung mangelt, gleichen sie das häufig aus, indem sie ihre eigene Wertschätzung von anderen Leuten beziehen. Ein unbewusster Irrglaube scheint sie zu einem Verhalten anzutreiben, mit dem sie andere lächerlich machen, beleidigen und verletzen. Körperliche Gewalt ist nur eine andere Art, Schmerz oder Angst auszuagieren – mehr steckt in emotionaler Hinsicht wirklich nicht dahinter. Die Übergriffe oder Beleidigungen, die solche Leute austeilen, kann man sich als deren eigene Unsicherheiten vorstellen, die sie ausgleichen, indem sie andere verunsichern. Es ist eine sich schnell drehende Abwärtsspirale, die zu allem Möglichen führt – bloß nicht zu wahrem Glück und Erfolg.

So wie Nina, der weibliche Adler, keine Schwierigkeiten hat, diejenigen zu überlisten, die eine Alternative zum Bekannten und Bequemen aufzeigen. Kleine Geister verdammen das, was sie nicht verstehen. Genau wie Nina akzeptieren die meisten Leute nicht, dass in ihnen eine Macht steckt, die es mit all den selbst begrenzenden, selbstzerstörerischen Überzeugungen aufnehmen kann; eine Macht, die in der Tat eine Person hervorbringen kann, die so eigenverantwortlich ist, dass sie über diesen Kämpfen steht und lebt – und zwar nicht außerhalb von dieser Welt, sondern mitten in dieser Welt. Das ist wirklich Ihr Geburtsrecht. Das Leben ist kein Kampf!

Mark Twain erzählt in seinem Werk *Letters from the Earth* eine Geschichte, in der sich die Erzengel überlegen, wo sie Gott verstecken sollen. Es wird vorgeschlagen, ihn auf dem Mond zu verstecken oder tief im Meer. Doch jeder Vorschlag bringt die Erzengel früher oder später zu dem Ergebnis, dass die Menschheit zu schlau dafür wäre und Gott früher oder später finden würde. Welches Versteck sollten sie nun für ihn wählen? Sie kamen darauf, ihn in jedem einzelnen Menschen zu verstecken, denn »der letzte Ort, wo die Menschheit sucht, ist in ihrem Inneren.«

In jedem Menschen steckt eine Neigung zu wahrer Größe. Die Begabungen können sich unterscheiden und man hat eine riesige Auswahl an Alternativen, um sie auszuleben –

etwa von der Schreinerei bis zum Bau von Raketenkreuzern. Doch die Gabe, die uns wahre Selbstachtung verleiht und den Geist aus dem ewigen Einerlei erhebt, wohnt im Inneren. In jedem von uns wohnt dieses Potenzial, – doch wenn das stimmt, warum wird es dann so oft verleugnet?

Jeder Mensch hat im Wesentlichen eine Art der Selbstdarstellung, die er eingeübt hat und früher oder später verwirklicht. Dieser Prozess beginnt in einem sehr frühen Alter in der Fantasie. Wir stellen uns ein Drehbuch vor, vielleicht das für einen Hollywood-Film. Wir beginnen, es einzustudieren und entweder verwerfen wir es wieder und nehmen uns ein neues vor, oder wir üben die Rolle solange ein, bis wir vollständig in ihr aufgehen. Beim Proben des Drehbuchs wird das Verhalten früher oder später automatisiert. Die uns prägende Umwelt ist entscheidend dafür, welche Art Drehbücher wir überhaupt zur Auswahl haben. Sind die Eltern lieblos und neigen zu Übergriffen, werden die Kinder genauso. Wenn Wärme und Freundlichkeit jemanden in Verlegenheit bringen, gleicht er dies mit Kälte und Reserviertheit aus. Wenn uns Ehrlichkeit in Schwierigkeiten bringt, dann wird Betrug zur Verteidigungsstrategie usw.

Es ist viel komplizierter als hier dargestellt, aber es ist auch genauso einfach. Tatsächlich teilt sich jeder Mensch in vier Auffassungen seiner selbst ein, und zwar in folgende:

1. unser tatsächliches Selbst
2. unser ideales Selbst
3. unser »müsste-sein«-Selbst
4. unser gewünschtes Selbst

Diese Kategorien wurden ursprünglich von P. A. D. Singer, ein bekannter Philosoph und Ethiker, entwickelt, der zeigen wollte, wie die unterschiedlichen Seiten des Selbst miteinander in Konflikt geraten.[7] Ich verwende sie aber auf andere Art.

Den meisten von uns ist unser sogenanntes reales Selbst bewusst. Es ist das Selbst, das auf Arten gescheitert ist, über die wir in der Regel nicht gern mit anderen sprechen. Es ist das private Selbst. Dieses Selbst hat Gedanken, die wir lieber gar nicht hätten, es tut Dinge, die wir lieber nie getan hätten, es beinhaltet Überzeugungen über unseren Wert, unsere Attraktivität usw. Es ist das Selbst unserer Geheimnisse und unserer Wünsche. Es ist das Selbst, das die meisten im Laufe ihres Lebens auf die eine oder andere Art versuchen zu verändern – vielleicht sogar unentwegt.

Im Vergleich zu unserem idealen Selbst verblasst das tatsächliche Selbst. Das ideale Selbst ist oft ein Konstrukt unserer Kultur. Dieses Selbst würde gern ein perfektes Leben führen – ohne Fehler und daher auch ohne Raum für Wachstum. Dann gibt es unser »müsste-sein«-Selbst. Es ist das Selbst, das von jedem unserer gelernten »sollte« und »müsste« erfüllt ist. Dieses Selbst unterscheidet sich von unserem idealen Selbst dadurch, dass viele dieser »müsste«-Aussagen nicht unsere eigenen sind, sondern aus unserer Kultur und Gesellschaft stammen, aber tief in unserem Inneren gehören sie nicht uns. Manch eines dieser »müsste« ist Ergebnis von Regeln, die wir für wenig oder gar nicht sinnvoll halten. Manchmal stammen die »müsste«-Sätze aus co-abhängigen Verhandlungssituationen, wie solche, wenn Mami Dinge sagt wie: »Wenn du mich lieben würdest, dann würdest du dich nicht so benehmen«, oder: »Wenn du mich lieben würdest, dann würdest du tun, was ich sage.« Doch auch wenn man die Quelle und die Art der »müsste«-Beziehung erkennt, aus der diese »müsste«-Aussagen kommen, bleiben sie häufig weiter bestehen.

Schließlich gibt es das gewünschte Selbst. Irgendwo unter all unseren Seiten des Selbst gibt es ein Selbst, von dem wir glauben, dass wir es sein könnten. Es ist das Selbst, nach dem wir uns sehnen, vor allem, wenn wir jung sind und

Zukunftspläne schmieden. Es ist auch eine Quelle für große Unzufriedenheit in unserem späteren Leben, wenn die Wünsche nicht erfüllt worden sind, und das werden sie, wenn überhaupt, nur selten.

Das ideale Selbst, das gewünschte Selbst und das »müsste-sein«-Selbst teilen gewisse Gemeinsamkeiten, doch sie unterscheiden sich auch beachtlich voneinander. Unter ihnen herrscht eine psychische Spannung, und alle zusammen stehen in einem greifbaren Spannungsverhältnis zu unserem sogenannten tatsächlichen Selbst.

Nun habe ich noch etwas hinzuzufügen, bevor es weitergeht. Das tatsächliche Selbst ist nur selten das wahre tatsächliche Selbst. Das tatsächliche Selbst ist das Selbst der Selbst-Wahrnehmung und beinhaltet jede von uns angenommene Begrenzung, die mit unserer privaten Selbstwahrnehmung einhergeht.

Wenn wir an Nina auf dem Hühnerhof zurückdenken, finden wir noch mehr Klarheit, die wir direkt auf die meisten menschlichen Adler-Hühner übertragen können. Im Inneren eines jeden von uns bestehen nahezu unbegrenzte Möglichkeiten – das Adlerpotenzial. Im Inneren eines jeden von uns liegt aber auch die Summe aller Konflikte, aller Fehlschläge, aller negativen Informationen und Ähnliches: die sogenannte Summe der selbst auferlegten, obgleich typisch kulturell bedingten Begrenzungen. Im Inneren eines jeden von uns herrschen das Bedürfnis, akzeptiert zu werden und Verlustangst – die Angst davor, Freunde, Achtung, Akzeptanz, Liebe usw. zu verlieren, gleichermaßen. In unserem Inneren wohnen zugleich der Ruf, uns nach typischer Adlerart aufzuschwingen, sowie die Angst, die Bequemlichkeit unseres kleinen Hühnerstalls zu verlassen. In jedem von uns existieren Fehlschläge, niedrige oder primitive Wünsche und Taten usw., aus denen unser wahrgenommenes, tatsächliches Selbst besteht. All diese Spannungen sorgen dafür, dass wir steif und fast krampfartig starr reagieren, wenn eine Veränderung eines unserer vier Selbstbilder ernsthaft bedroht. Um nun noch mehr Öl ins Feuer zu gießen, ist Veränderung das, nach dem sich die meisten von uns wahrhaft sehnen. Eine echte Zwickmühle – diejenigen, die sich verändern wollen, stecken drin, und die, die das nicht wollen, ebenfalls.

Wie enthüllen wir unser Potenzial?

In zahllosen Biografien großartiger Menschen findet sich mindestens ein gemeinsamer Nenner – sie glaubten, etwas tun zu können, was sonst jeder oder zumindest fast jeder für unmöglich hielt. Diese Menschen sind die Helden unserer Welt. Was machte sie so überzeugt davon, dass sie es schaffen würden, obwohl die Masse das Gegenteil behauptete? Das ist schon die nächste Frage. Denn wenn jeder von uns eine solche Entschlossenheit und Stärke an den Tag legte, würden wir es dann nicht alle schaffen? Wenn die Lösung so naheliegend wäre, zu sagen: Es gab ja keine andere Wahl – das heißt, wenn wir unsere Richtung, unsere Bestrebung, unser Ziel, unser Vorhaben so klar sähen, dass es nichts zu entscheiden gäbe – was könnte uns dann daran hindern, diesem Weg zu folgen?

Lassen Sie uns ein wenig eingehender die Natur des Geistes und der Wahrnehmung betrachten, besonders die Abwehrmechanismen unserer Wahrnehmung und die Abwehrmechanismen im Allgemeinen.

Die Grenzen des Möglichen
lassen sich nur dadurch bestimmen,
dass man sich über sie hinaus ins
Unmögliche wagt.
Arthur C. Clark

3. Kapitel

Was wir wahrnehmen und was nicht

Wenn die Wahl eine Illusion ist, mit welchen anderen Illusionen leben wir dann noch? Das ist ein so weitgehendes Thema, dass wir es gar nicht erst versuchen werden, die Frage erschöpfend zu erörtern. Trotzdem werden wir sie soweit behandeln, dass es für unser Vorhaben ausreicht, die wichtigsten Täuschungen zu veranschaulichen.

Unsere erste Illusion ergibt sich durch die Sprache. Die Sprache versieht alles mit einer Bezeichnung, und wenn das geschehen ist, wird das, was benannt wurde, nach den Worten von Kirkegaard vermindert.[8]

Hauptworte sind Namen für Personen, Orte, Dinge. Dabei beziehen sich viele Hauptworte auch auf Dinge, die gar nicht in unserer Realität existieren. Nehmen wir einmal das Wort *Greif*. Offensichtlich wird damit ein mythisches Wesen bezeichnet, doch solch ein Geschöpf gibt es gar nicht.

Außerdem beschreiben manche Hauptworte in Wirklichkeit Formen und keine Dinge. Das Wort Stuhl zum Beispiel. Im Platon'schen Sinne bezieht es sich auf eine Form, auf die »Stuhlhaftigkeit«. Wenn wir versuchen, einen Stuhl zu beschreiben, dürfte es uns überraschen, auf welche Zweideutigkeiten wir bei der Definition stoßen. Nicht alle Stühle haben Lehnen oder vier Beine, sind feststehend, geschweige denn, zum Sitzen vorgesehen – und doch: Wenn wir einen Stuhl sehen, erkennen wir ihn als Stuhl.

Vor Jahren habe ich einen Text geschrieben mit dem Titel: »Stock und Stein brechen mir das Bein, doch Worte schneiden mich in Scheiben und Stücke.« Worte fügen den meisten Menschen in unserer Kultur größeren Schaden zu, als Dinge es können. Nicht das Wort als solches oder seine Definition im Wörterbuch ist schädlich oder furchterregend; es ist der emotionale Wert, der den Worten beigemessen wird.

Es ist leicht, Angst bei Menschen festzustellen, die ablehnende Worte hören, Worte, die lächerlich machen oder übertrieben und unangemessen kritisch sind; Worte, die verachten, Worte die negative Eigenschaften zuschreiben, wie: hässlich, blöd, Verlierer, Versager, usw. Worte sind jedoch auch noch in anderen emotionalen Bereichen verankert oder sie bringen sie wie Suchbegriffe in einer Suchmaschine im Internet an die Bildfläche. Wenn man sie eingibt, rufen sie jede Menge zugehöriger Seiten ab, die tief in unserer Erinnerung lagern. Vor allem aufgrund unseres Bildungssystems und unserer Kultur kann man wirklich von den meisten Worten behaupten, dass sie einen Wert haben. Denken Sie einmal darüber nach. Selbst sogenannte harmlose Eigenschaften wie Farben sind mit einem Wert verbunden. Einige Farben werden anderen gegenüber bevorzugt, andere sind schlicht widerlich und für manche Menschen kann sogar eine emotionale Störung oder ein Trauma mit einer Farbe verbunden sein.

Wie denken wir?

Unser Denksystem funktioniert so, dass uns allen gewisse Werte und Urteile beigebracht wurden. Die spiegeln sich in unseren Beschreibungen von allem, was wir über uns und unsere Umwelt wissen, wider. Zumindest in unserer Kultur denkt man größtenteils, dass Worte in der Lage sind, unsere Umwelt, uns selbst, unsere Gefühle, Gedanken und natürlich unsere Beweggründe ganz genau zu beschreiben.

Unsere Welt ist so abhängig von Worten und Semantik, dass man sich kaum vorstellen kann, ohne sie zu denken. In der Tat scheint das Denken semantische Möglichkeiten vorauszusetzen; wie sollten wir auch sonst in der Lage sein, zu kommunizieren oder unser Denken zu verstehen? Man meint, sogar unsere Traumbilder besser verstehen zu können, wenn man sie erklären kann. Die Vorrangigkeit des Denkens, die Unerlässlichkeit semantischer Kommunikation ist so verbreitet, dass es entweder für das Resultat fehlender Bildung oder für einen genetischen Mangel gehalten wird, wenn jemand es nicht schafft, eine Idee, ein Gefühl, ein Verlangen, eine Intuition, ein Bild, eine Wahrnehmung etc. sprachlich zu übermitteln. Wo würden wir letzten Endes auch hinkommen, wenn wir nicht solch bedeutungsvolle Fragen stellen könnten wie: *Welche Bedeutung hatte das für dich? Welches Gefühl gibt dir das? Was meinst du damit? Beschreibe die Wahrnehmung, das Gefühl, das Bild oder wie du darauf kommst, dass es eine gültige Erkenntnis ist und kein reines Fantasiedenken?*

Wir kennen die Welt nicht nur auf der Grundlage von Semantik, also durch sprachliche Kommunikation mit uns selbst und mit anderen, sondern jeder Einzelne von uns gestaltet seine Welt auch auf genau diese Weise. Wenn wir feststellen, dass es etwas anderes ist, die Welt nur durch Worte zu erkennen, statt durch tatsächlich empfundene Anteilnahme, dann ist der Unterschied offensichtlich und banal. Und wenn man behauptet, sich selbst vor allem durch die buchstäbliche »Wortbrille« zu kennen, oder seine Persönlichkeit und sein Verhalten durch diese Brille sieht und präsentiert, dann müsste dies eigentlich noch lachhafter wirken. Dennoch werden die Welt und das Selbst tatsächlich zumeist ausgerechnet durch diese »Wortbrille« wahrgenommen.

Wir wissen viel mehr, als wir zu wissen glauben, zumindest über uns selbst. Wir alle sind auf diese Welt gekommen und wussten, wie wir unsere Umgebung natürlich wahrnehmen können, wie wir Dinge entdecken, wie wir ehrlich Rückmeldung über unsere Gefühle geben, wie wir unseren Vorstellungen erlauben, uns Eindrücke und Bilder ohne Hindernisse zu liefern und wie wir sie dann genau in dieser Qualität spüren können. Doch leider sind wir alle zur Bildung erzogen worden, dazu, das Denken hoch zu schätzen – aber kein freies Denken, sondern ein Denken, das einer korrekten Denkordnung folgt, die gelehrt wurde, wie etwa die Mathematik oder die Logik. Sobald wir die Regeln des Denkens erlernt hatten, wurden wir für unsere Fähigkeit benotet, diese Methode in jeder Lebenslage und in jeder Gesprächssituation – auch in Selbstgesprächen – anzuwenden.

Wie fühlen wir?

Eines Tages verbanden wir unsere erlernten Denkmethoden mit Bedeutungen oder Werten, die wir uns angeeignet hatten und die wir Ereignissen und Worten zuschrieben. Dadurch unterwarfen wir unser natürliches Selbst der höheren Ordnung, die vorschrieb, wie es sein sollte, nämlich unnatürlich.

Unser langes Aufwachsen in Abhängigkeit macht uns besonders anfällig, wenn Grundbedürfnisse wie Schutz und Ernährung auf dem Spiel stehen. Das bringt uns zusätzlich in die Gefahr, unser Selbst zu verdrängen – zugunsten der Personifizierung dessen, was erwartet, akzeptiert und toleriert wird, was Lohn einbringt und Bestrafung vermeidet. Insofern haben wir sogar in der Phase der Auflehnung eine

Verbindung zu einem Selbst hergestellt, das unserem wahren Selbst vermutlich fremd ist. Darüber hinaus haben wir unsere ganze emotionale Erinnerung in Worte gefasst, sie in ihnen verankert und uns selbst Ausdruck verliehen, indem wir sozial akzeptiertes Vokabular verwenden wie: »Es ist in Ordnung, sich zu rächen.«

Das hat unsere wirklichen Gefühle (Unsicherheiten wie Angst und Isolation) nur noch mehr verdeckt und zusätzliche Verzerrungen gefördert. Selbstverständlich hatten wir zu jeder Zeit die Alternative der offenen Ablehnung, obwohl auch sie eine verzerrte Sichtweise darstellt, denn bei vielen verwandelt sich diese Sichtweise in ein elendes Selbstbild mit der Grundstimmung: »Ich bin zu nichts gut.« Meine Forschungsarbeit mit inhaftierten Kriminellen hat ergeben, dass diese Art der Verzerrung noch einen Schritt weitergeht bzw. noch eine andere Ebene hat. Es ist der Schritt von starker Selbstentfremdung hin zu starker sozialer Entfremdung. Wenn dies geschieht, wird das Selbstbild eher so in Worte gefasst: »Ich bin zu nichts gut und du auch nicht. Du (oder Leute wie du) hast (haben) mir das angetan. Du (oder jemand anders) hast (hat) mich zu dem gemacht, was ich bin.«

Es werden semantische Beschreibungen gebildet und Reaktionen oder Antworten werden semantisch verschlüsselt. Ein semantisches System von Überzeugungen wird so mit dem Grad an Schlüssigkeit verbunden, der innerhalb der Regeln unseres erlernten Denkens möglich ist.

Wenn es auf der Hand liegt, dass es keine Schlüssigkeit gibt, wird ein Abwehrmechanismus angewendet, um das Scheitern zu verbergen; es werden semantische Verzerrungen gebildet. Einem Kognitionspsychologen ist diese Art zu denken als kognitive Dissonanz bekannt oder als Zustand, in dem jemand zwei gegensätzliche Ansichten, Meinungen oder Überzeugungen hat und nicht merkt, dass sie einander ausschließen. Ein gutes praktisches Beispiel dafür sind die Überzeugung, dass Geld die Quelle allen Übels sei, und die Ansicht, dass Geld die Lebensqualität verbessere. An diesem Punkt sind die Außen- und die Innenwelt gemeinsam mehr oder weniger zu einer Serie semantischer Verankerungen geworden. Sie bestehen aus Beschreibungen, Reaktionen, Überzeugungen und aus semantischen Verzerrungen, die alle wie ein Fischernetz durch Zeichen-Bezüge aneinandergenäht wurden und sich so gegenseitig verstärken.

Unsere Welt wird heute, um es mit den Worten des Linguiten Alfred Korzybski auszudrücken, wohl noch häufiger als jeder vernünftige Mensch zugeben würde, *false to fact*, also nicht den Tatsachen gerecht und daher ist sie zwangsläufig verzerrt. In solchen Verzerrungen kann man laut Korzybski den Unterschied zwischen geistiger Gesundheit und geistiger Krankheit sehen.[9] Es ist exakt der Mechanismus der semantischen Verzerrung, der Denkprozessen zugrunde liegt, die neurotisch oder psychotisch sind oder werden. Dieser Mechanismus kann auch ein Verhalten von Selbst-Sabotage und selbst begrenzenden Überzeugungen hervorrufen. Genau dieser Mechanismus – und Mechanismus ist ein gutes Wort, weil der Prozess automatisch funktioniert und ohne bewusste Aufmerksamkeit abläuft – mobilisiert unsere Abwehr zum Kampf, wann immer unsere semantischen Beschreibungen, Reaktionen, Überzeugungen und Verzerrungen (semantische Prozesse) herausgefordert werden. Tatsächlich sind diese Prozesse mit ihrem mechanischen Charakter unbewusst so allgegenwärtig, dass sich sogar die sachkundigsten Spezialisten auf diesem Gebiet stets vor ihnen in Acht nehmen müssen. Das kann auch erklären, warum jemand in einem bestimmten Bereich sehr erfolgreich sein kann und in einem anderen schrecklich scheitert.

Unser Sprachgebrauch, die Werte und Bedeutungen, die wir Worten beimessen, kann unser rationales Denken blind machen. Wir könnten immerhin behaupten, dass sich ein Genie diesen Sprachbarrieren entzieht, denn ein Genie (oder Genialität) geht über Grenzen hinaus, sieht das Gewöhnliche anders, erlangt eine Perspektive, die es vorher nicht gab. Unsere Welt jedoch ordnet den Worten nicht nur Werte zu, sondern sie besteht auch auf einer gewissen Eigenschaft von *Ist-Haftigkeit*, die einem Wort gewissermaßen eine eigenständige Existenz verleiht. Die Zuschreibung, das Hauptwort wird zu einer Sache. Von daher kann ein Verb sogar indirekt zu einer Handlung werden.

Warum wir uns täuschen lassen

Wir alle können leicht von abstrakten Bedeutungseinheiten von Worten getäuscht werden, die sowohl die definitorische Bedeutung betreffen als auch die *Ist-Haftigkeit* und die Regeln, also die sogenannte Logik, der unsere Methoden und unser Ge- oder Missbrauch von Sprache und Denken folgen. Ein Theist könnte nun behaupten, dass Gott allmächtig ist, während ein Atheist seine Behauptung widerlegen könnte, indem er fragt: »Kann Gott einen Stein erschaffen, der so schwer ist, dass Er ihn nicht anheben kann?« Wortfallen und ihre Verwirrungen haben zu vielen Grausamkeiten geführt.

Es ist einfach, den Charakter der persönlichen Wahrheit zu vergessen, wenn sie sich als ein Argument der Vernunft maskiert. Logik und Linguistik stellen Behauptungen über viele Dinge auf, die einfach den Tatsachen nicht gerecht werden. Die Logik gibt zum Beispiel vor, dass ein Liter gleich ein Liter ist. Das ist aus verschiedenen Perspektiven betrachtet einfach nicht richtig, noch nicht einmal aus der Naheliegendsten. Ein Liter Wasser, der in einen Liter Alkohol gegossen wird, ergibt nicht einfach zwei Liter einer gebundenen

Flüssigkeit. Also ist 1 + 1 = 2 in der wirklichen Welt nicht unbedingt richtig. Es gibt keine zwei Dinge, die in jeder Hinsicht gleich sind. Hinzu kommt, dass man das sogenannte »Ganze« von etwas nicht ermitteln kann. Worte sind nicht die Dinge, die sie darstellen, und das, was sie darstellen sollen, ist viel mehr und viel weniger, als je geschrieben werden könnte. Wie in der Tat schon häufig gesagt wurde und wohl auf die bemerkenswerteste Weise von dem Philosophen Ludwig Wittgenstein, ist: »Alles, was wir über etwas sagen, ist es zugleich nicht.« Worte sind keine Dinge und selbst Dinge, für die es Worte gibt, wie der genannte Greif, müssen nicht unbedingt existieren.

Wenn unsere Worte uns von daher hinters Licht führen, tut das nach den Worten von William James unser »Bewusstseinsstrom« ebenfalls. Alle die inneren Unterhaltungen mit uns selbst, alle Selbstgespräche führen uns mit ebenso großer Gewissheit hinters Licht. Dennoch ist das nicht die einzige Täuschung, zu der unser Geist in der Lage ist.

Es gibt zum Beispiel viele optische Täuschungen. Wir sehen oft etwas, das gar nicht da ist, und das, was eigentlich ist, können wir nicht sehen. Außerdem sind wir stark beeinflussbar und sehen leicht das, was uns suggeriert wird. Schauen wir uns zur Verdeutlichung einige bekannte optische Täuschungen an, und machen aus dem Gedanken eine Erfahrung. Die folgende Täuschung kursiert allgemein im Internet.

Schauen Sie für einen Moment das folgende Bild ganz intensiv an und Sie werden feststellen, dass sich die Zahnräder zu drehen scheinen. Wenn Sie dann Ihren Blick aus der Mitte in die Ecken des Bildes verlagern, scheinen sich andere Zahnräder zu drehen als vorher oder die Räder drehen sich schneller. In Wirklichkeit dreht sich natürlich gar kein Rad.

Kunstwerk von Antonio Zamora*

Das nächste Bild sollte man sich auf eine besondere Art anschauen. Deshalb erscheint es auch gesondert auf einer einzelnen Seite. Blättern Sie bitte um und schauen Sie nur diese Seite an. Schauen Sie intensiv die drei Punkte in der Mitte an. Konzentrieren Sie sich eine Minute lang auf diese Punkte. Schauen Sie nur auf die Punkte und nach einer Minute sehen Sie dann auf eine leere Wand. Schauen Sie die Wand auch dann weiter an, wenn Sie meinen, dass nichts geschehen wird. Es wird etwas Einmaliges passieren, und Sie sollten wissen, dass dies mit jeder Anzahl von Bildern möglich ist. Was Sie sehen werden, wird Sie erstaunen, wenn nicht gar verblüffen.

Blättern Sie nun um und folgen Sie diesen Anweisungen. Viel Vergnügen!

* Nach einem Design von A. Kitaoka
Abdruck mit Genehmigung (diese und andere optische Täuschungen, die besser in Farbe auf einem Computerbildschirm funktionieren, siehe: www.innertalk.de)

Sie haben gerade gesehen, wie eine Taube empor steigt. Die Täuschung auf der nächsten Seite wurde ausgewählt, um zu demonstrieren, wie Emotionen mit Illusionen verwoben sein können. Jeder weiß, dass ein durstiger Mensch in der Wüste Fata Morganas sehen kann und dass er seine rationalen Fähigkeiten zugunsten von verzweifelten Emotionen verliert. Die nächste Täuschung ist eine emotionsgeladene Täuschung. Sie wird in Übereinstimmung mit einer Richtung des persönlichen Glaubenssystems eine starke emotionale Reaktion hervorrufen. Die Täuschung mag ihnen gefallen, Sie anregen oder ärgern – doch der Kernpunkt, auf den es diesem Zusammenhang ankommt ist: Eine einfache optische Täuschung kann starke emotionale Reaktionen hervorrufen.

Folgen Sie wiederum den Anweisungen. Schauen Sie dieses Mal intensiv auf die vier Punkte in der Mitte. Konzentrieren Sie sich eine Minute lang auf diese vier Punkte. Schauen Sie nur die Punkte an, wenden Sie sich nach einer Minute ab und schauen Sie dann eine leere Wand an. Schauen Sie die Wand ungefähr 45 Sekunden lang intensiv an. Erlauben Sie sich, entspannt zu schauen, ohne zu fokussieren, doch bleiben Sie mit Ihrem Blick an derselben Stelle der Wand. Schauen Sie sie weiter an, auch wenn Sie denken, dass nichts geschehen wird. Blättern Sie nun um und folgen Sie den Anweisungen:

Das nächste Bild veranschaulicht zugleich Ihre Fähigkeiten, zu sehen und nicht, oder anders zu sehen. Es ist die sehr bekannte optische Täuschung mit dem jungen Mädchen und der alten Hexe. Auf den ersten Blick werden Sie entweder eine Hexe oder ein schönes junges Mädchen sehen. Normalerweise sind Sie nicht in der Lage, beide zur gleichen Zeit zu sehen, oder sie bewusst als solche zu erkennen. Wenn Sie Ihren Fokus leicht verlagern, dann ändert sich das Bild. Das heißt, wenn Sie zuerst die Hexe sehen, dann verlagern Sie Ihren Fokus und werden dann das junge Mädchen erkennen.

Hier ist ein anderes Entweder-oder-Bild, das recht berühmt ist. Es nennt sich »Gesichter und Vasen«. Probieren Sie einmal, beide zu sehen.

Die nächste Täuschung besteht aus Punkten. Sie sehen viele verstreute Tintenkleckse. Werfen Sie einen Blick darauf und warten Sie ab, was Sie sehen.

Wenn Sie genau hinsehen, dann werden Sie einen Dalmatiner sehen, der, die Nase nach unten gerichtet, auf dem Boden herumschnüffelt. Sie werden zuerst das Ohr des Hundes erkennen, dann die Schnauze, die Schulter und sein linkes Bein. Der Rest kommt von selbst hinzu. Wenn Sie den Hund einmal erkannt haben, dann können Sie es nicht vermeiden, ihn ständig auf dem Bild zu sehen.

Das folgende Bild ist ebenfalls eine bekannte Täuschung. Unser optisches Bezugssystem verzerrt ein Bild häufig, je nach Hintergrund. Der Kreis in der Mitte ist wirklich völlig rund.

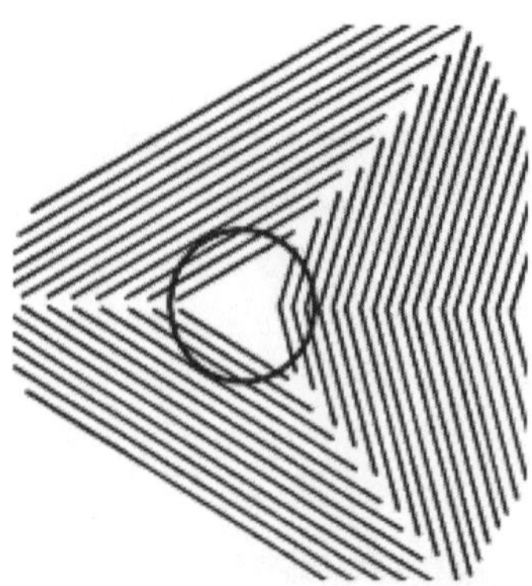

Eine meiner Lieblingstäuschungen kann man nicht auf dem Papier darstellen. Wir alle wissen, dass es blinde Flecken gibt, einen Bereich, den wir nicht wirklich sehen, sondern den unser Gehirn erfindet. Ich möchte Sie ermutigen, diese Täuschung einmal auszuprobieren. Auf meiner Internetseite finden Sie eine sich drehende Hypnosescheibe (www.inner-talk.de). Besuchen Sie die Seite oder nehmen Sie sich eine drehbare Hypnosescheibe und schauen Sie intensiv in die Mitte der Scheibe, während sie sich dreht. Gestatten Sie Ihrer gesamten Aufmerksamkeit, sich dieser rotierenden Scheibe völlig bewusst zu werden. Tun Sie das für etwa zwei Minuten. Bereiten Sie sich vor und nehmen Sie sich ein Bild zur Hand, dem Sie sich gleich zuwenden können, sobald Sie Ihren Fokus von der Drehscheibe abwenden. Es wird etwas Erstaunliches geschehen. Jeder liebt diesen Trick, vor allem Kinder, denn das statische Bild bewegt sich plötzlich. Es ist nicht länger zweidimensional sondern es verwandelt sich wirklich in eine dreidimensionale Welt, die sich bewegt.

In dem wunderbaren Film *What the bleep do we know?* (deutscher Untertitel: *Ich weiß, dass ich nichts weiß*) erzählt Candace Pert eine Geschichte über die spanischen Eroberer, die Conquistadores, und Montezuma nach. Die Geschichte, angeblich ein Tatsachenbericht, besagt im Wesentlichen, dass die spanischen Galeonen bei ihrer Ankunft für die Azteken vor Ort unsichtbar waren. Das lag einfach daran, dass die Azteken noch nie zuvor solche Schiffe gesehen hatten. Als die Spanier dann mit Helmen auf den Köpfen an die Küste kamen, sahen die Azteken in ihnen Götter mit goldenen Helmen, auf denen sich die Sonne spiegelte, als sie über das Wasser gingen. Die Azteken hießen sie wie Götter willkommen und natürlich weiß jeder, wie es dann weiterging. Laut der Geschichte war es nötig, an der Stelle, wo die Spanier gelandet waren, noch mehrere Tage lang intensiv aufs Wasser zu schauen, bis einer der aztekischen Weisen schließlich die Schiffe sah. Die Geschichte soll wohl verdeutlichen, wie es uns nicht gelingt, das zu sehen, was wir sehen. Das liegt entweder an psychologischen Abwehrmechanismen und/ oder an unserer Unfähigkeit das zu sehen, was im Geist noch nicht vorhanden ist.

Einer meiner Freunde, Professor William Guillory hat diese Art von Wahrnehmung in einem Modell dargestellt. Es ist das sogenannte Realitätsmodell und ist im folgenden Diagramm zu sehen.

Der Kreislauf unserer Wahrnehmung wird deutlich, wenn

Die Realität ist das, was wir für wahr halten. →

Was wir für wahr halten, ist das, was wir wahrnehmen. ↓

Was wir wahrnehmen ist das, was wir suchen (oder erwarten). ↓

Was wir suchen/erwarten ist das, was wir kennen. ←

Was wir kennen ist das, was wir für wahr halten. ↑

Was wir für wahr halten, ist die Realität. ↑

wir den Pfeilen im oben stehenden Diagramm gefolgt sind. Was viele aber nicht wissen, ist, dass dieses Diagramm zeigt, wie sich für die meisten von uns die Wirklichkeit darstellt. Mit anderen Worten können die meisten Menschen zwar diese runde, kreisförmige Schleife erkennen; sie begreifen aber nicht, dass sie auf uns zutreffen könnte.

Im nächsten Kapitel werden wir uns einigen Abwehrstrategien widmen und noch einmal mit manchen von ihnen experimentieren. Lassen Sie mich das Kapitel mit ein paar weiteren faszinierendenTäuschungen schließen.

In der Grafik oben gibt es keine gekrümmten Linien.

Zwischen den schwarzen Rahmen befinden sich nur weiße Kreise.

Lesen Sie bitte folgende Worte:

THE CAT

Dies ist ein klassisches Beispiel für kontextuelle Wahrnehmung, also Wahrnehmung im Sinnzusammenhang. Wahrscheinlich werden Sie »the cat« (die Katze) entziffert haben. Doch schauen Sie bitte einmal genau hin. Wo liegt der Unterschied zwischen dem H im Wort THE und dem A in dem Wort CAT? Denken Sie daran, dass wir den Zusammenhang häufig erfinden und/oder entscheiden, welcher Zusammenhang stimmig ist.

Die Linien im folgenden Bild haben beide die gleiche Länge:

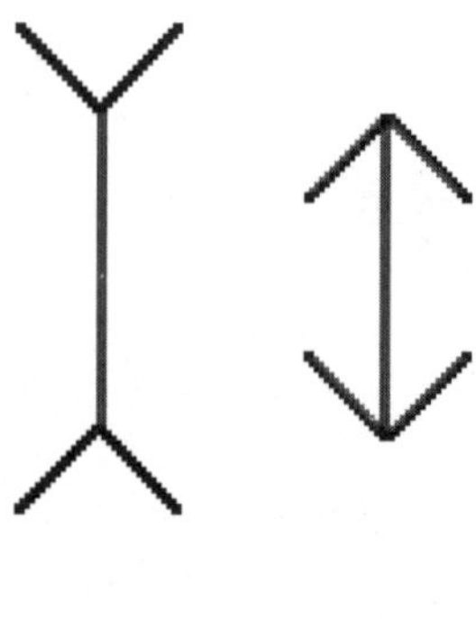

Das Foto wurde als Werbefoto für ein Seminar mit dem Titel »Veränderung ohne Denken« verwendet, das ich in Malaysia gab.

Ist Ihnen aufgefallen, dass ein Teil meines Gesichtes »fehlt«? Schauen Sie sich einmal genau die Stelle hinter meinem von Ihnen aus gesehenen linken Brillenglas an. Dieses Foto war in einer Reihe von Fotos, die ich machen ließ. Mehrere Monate später, nachdem viele Leute das Bild gesehen hatten und für Werbezwecke geeignet hielten, bemerkte jemand den Fehler hinter dem Brillenglas. Das Gehirn ist derart damit beschäftigt, optische Lücken auszufüllen, dass die meisten den Fehler nicht sehen, es sei denn, man weist sie direkt darauf hin.

Wenn diese Auswahl optischer Täuschungen Sie hinters Licht geführt hat, dann ist es vielleicht angezeigt, Ihre eigenen Erwartungen, Überzeugungen, Wahrnehmungen oder Abwehrmechanismen bei der Wahrnehmung genauer unter die Lupe zu nehmen.

Achte darauf, dass Siege nicht die Saat
künftiger Niederlagen in sich tragen.
Ralph W. Sockman

4. Kapitel

So funktionieren unsere psychologischen Abwehrmechanismen

Eine Reihe von psychologischen Abwehrmechanismen ist dazu bestimmt, unser Selbstbild zu schützen. Den meisten Menschen sind immerhin einige von ihnen bewusst. Zu diesen Mechanismen, die als Abwehrmechanismen der Wahrnehmung bekannt sind, zählen folgende:

Verleugnung
Wie der Name schon sagt, besteht der Mechanismus der Verleugnung schlicht in der Verneinung. Häufig geschieht Verleugnung durch Projektion, also dadurch, dass der Betreffende Schuld oder Fehler auf andere projiziert.

Imaginäre Bilder
Durch imaginäre Bilder erzeugt man aus der Fantasie heraus eine Realität. Wenn Motive oder Wünsche nicht in der objektiven Außenwelt befriedigt werden können, können sie in einer Traumwelt Wirklichkeit werden. Manche Psychologen behaupten, dass wir unsere Unterhaltungsmedien deshalb so attraktiv finden, weil sie darauf ausgerichtet sind, unsere Abenteuer-, Sicherheits- und Liebesfantasien auf eine Art zu befriedigen, wie wir es sonst nicht so deutlich erfahren.

Introjektion (Aufnahme von Werten und Normen)
Die Introjektion ermöglicht es uns, Schuld auf uns zu nehmen. Indem man die Schuld auf sich selbst lenkt oder sich selbst bestraft, schützt man sich davor, von anderen enttäuscht oder desillusioniert zu werden. So glaubt zum Beispiel ein Kind, um das sich ein Elternteil nicht kümmert, es hätte die Aufmerksamkeit von seinem Vater oder seiner Mutter auch gar nicht verdient.

Isolation
Isolation bedeutet, es zu vermeiden, bestimmte Ideen mit Assoziationen in Verbindung zu bringen, die zwar zu ihnen gehören, die aber Angst erzeugen. Dabei wird eine bestimmte Gruppe von Informationen von einer anderen getrennt, obwohl eigentlich beide zusammengehören. So isoliert man die Geburt vom Tod, den Krieg von der Trauer, Atomwaffenarsenale von mörderischem Schrecken u. s. w.

Projektion
Projektion findet statt, wenn jemand Schuld oder Verantwortung jemand anderem zuschreibt.

Regression
Regression ist ein Mechanismus, der häufig bei schweren Krankheiten einsetzt. Dabei begibt man sich im Wesentlichen auf das Niveau einer früheren Altersstufe zurück, normalerweise in eine Zeit, als man noch in Abhängigkeit lebte und sich sicher und behaglich fühlte. Der Betreffende entwickelt sich dann üblicherweise in eine Phase zurück, in der jemand anders die Verantwortung für ihn trug und er selbst nur weniger, einfachere und schlichtere Ziele hatte.

Repression (Verdrängung)
Durch Repression zensiert oder verbannt man Erinnerungen, Assoziationen und Adaptierungen aus dem bewussten Teil des Geistes. Wie ein unsichtbarer Filter hindert dieser Mechanismus den bewussten Geist daran, schmerzhafte Erinnerungen und unterdrückte Motive und Wünsche wahrzunehmen. Persönliche Erlebnisse von Grausamkeit oder Scham unterliegen oft dieser Sichtweise der Repression.

Sublimierung
Die Sublimierung leitet elementare Triebmechanismen um. Das heißt, dass man auf ein akzeptables Verhalten zurückgreift, um grundlegende Motive und Wünsche zu befriedigen, statt dies auf primitivem Wege durch unakzeptables Sozialverhalten durchzusetzen. Man versucht zum Beispiel oft, Aggressionen mit Sport auszugleichen.

Zusätzlich zu diesen acht Mechanismen zählen einige Theoretiker noch weitere verschiedenartige Flucht- und Abwehrhandlungen zu den grundlegenden Abwehrmechanismen der Wahrnehmung, die dafür sorgen, dass wir von der Außenwelt und von uns selbst nur das sehen, was wir auch sehen wollen. Dabei können mehrere Mechanismen gleichzeitig greifen. In diesen Fällen überlappen die Grenzen einander, was es erschwert, die Mechanismen voneinander zu unterscheiden.

Wie wir Information verarbeiten

Wiederholte Versuche haben hinlänglich gezeigt, dass der bewusste Geist nicht notwendigerweise an der Verarbeitung von Informationen beteiligt ist. Das Unterbewusstsein kann tatsächlich häufig ohne das Bewusstsein arbeiten und tut es auch oft, oder es arbeitet, ohne vom Bewusstsein bemerkt zu werden. Freud drückte es einmal so aus: »Die kompliziertesten gedanklichen Leistungen können ohne Unterstützung des Bewusstseins erbracht werden.«

Mit diesem Wissen sind wir nun bereit für einige Beispiele. An dieser Stelle möchte ich Sie darauf hinweisen, dass einige der Bilder nur für Erwachsene und nicht für Kinder bestimmt sind.

Vor mehreren Jahren hat mir jemand, der *Die Subliminal-Methode, Lernen mit dem Unterbewusstsein* gelesen hatte, anonym ein Lehrhandbuch für Werbung geschickt. Das Handbuch beschrieb in sehr anspruchsvoller Sprache den Grund dafür, warum in die Werbung sexuelle Tabus eingebettet werden. Aus diesem Buch stammen auch die Beispiele, die ich Ihnen hier vorstellen werde. Fazit: Wir erkennen die eingebetteten, sexuellen Details aufgrund unserer Wahrnehmungsmechanismen nicht bewusst. Trotzdem wird das Produkt im Ergebnis häufiger wiedererkannt, was an der sogenannten erhöhten Verweildauer liegt (das ist die Zeit, die wir uns für das Betrachten einer Werbeanzeige nehmen, oder auch, um einen zweiten Blick auf sie zu werfen, bevor wir umblättern). Urteilen Sie nun selbst.

Zunächst folgt die komplette Werbeanzeige. Danach werden Sie die gezeichnete Version sehen, die der Künstler angefertigt hatte, bevor er ein echtes Modell und die entsprechenden Requisiten für die Fotosession in Szene setzte. Als Nächstes werden Sie dasselbe Bild noch einmal sehen, doch dann werden die darin eingebetteten Details unmissverständlich gekennzeichnet sein. Schließlich sehen Sie noch eine Skizze, die nur die sexuellen Details zeigt.

Ich habe die Abbildungen gezielt auf einzelne Seiten platziert, um zu vermeiden, dass die eingebetteten Einzelheiten zu früh preisgegeben werden. Bitte nehmen Sie sich einen

Moment Zeit, um die ersten beiden Seiten zu betrachten, bevor Sie sich die eingebetteten Details eingehender ansehen.

(Sie finden die Abbildungen in Farbe unter www.inner-talk.de)

Die Werbeanzeige

Der ursprüngliche, konzeptionelle Entwurf des Künstlers

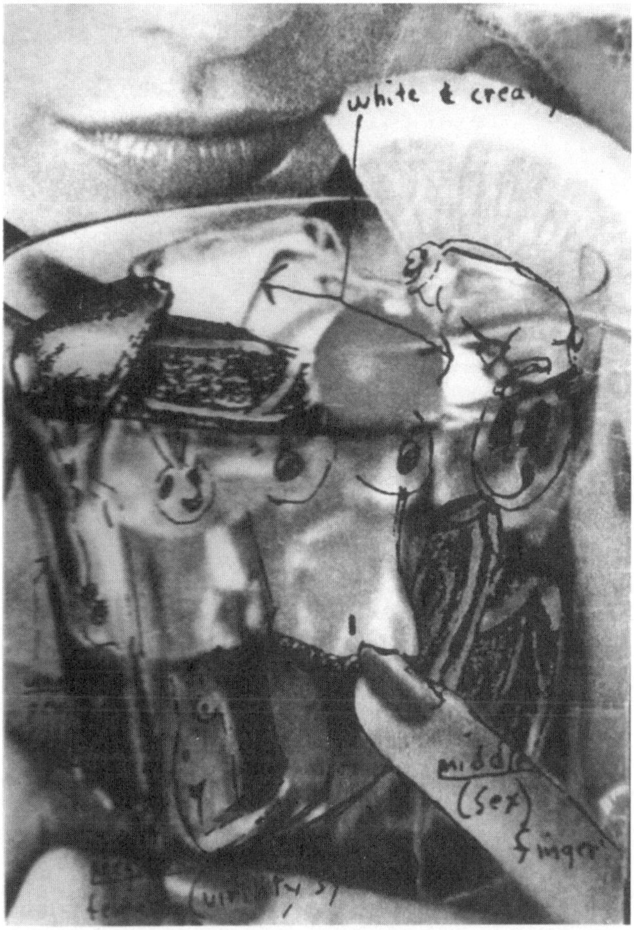

Nahaufnahme, die sexuelle Einzelheiten markiert, die tabu sind

Skizze, die nur die eingebetteten Details zeigt:

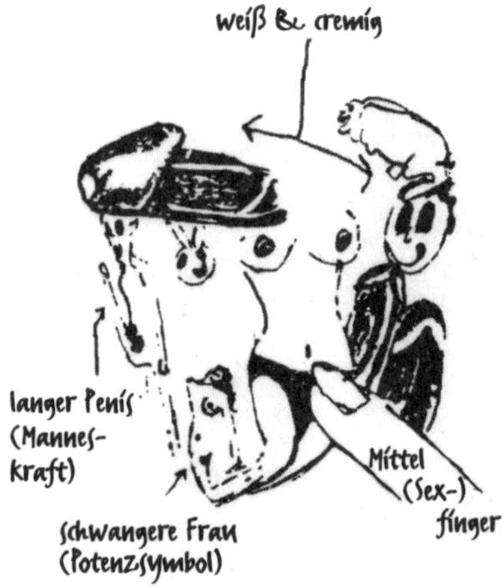

Wurden die Symbole erst einmal aufgezeigt, fällt es schwer, den Blick von ihnen abzuwenden. Dabei ist es nahezu unmöglich, sie zu erkennen, wenn man nicht vorher ausdrücklich auf sie hingewiesen wurde. Dies liegt zum Teil an verschiedenen Abwehrmechanismen – wer möchte schon beschuldigt werden, eine »schmutzige« Fantasie zu haben? Der wichtigste Punkt liegt hier allerdings darin, dass die Information beim Betrachten zwar direkt unter die Schwelle Ihres Bewusstseins ging, doch sie passierte die Grenze Ihrer unbewussten Wahrnehmung nicht unbemerkt. Werbetreibende verwenden unbewusste Details gezielt auf diese Art, um Sie dazu zu bringen, sich stärker für ihre Anzeigen zu interessieren, doch darauf brauchen Sie sich im Augenblick nicht zu konzentrieren. Wir haben jetzt das Ziel, uns darüber bewusst zu werden, wie viel Information und Technologie dafür eingesetzt werden, um unsere Überzeugungen, Vorlieben und Entscheidungen zu beeinflussen.

Als Nächstes werden wir die unbewusste Verarbeitung von Informationen genau betrachten. Ich werde versuchen, das

Faktische vom Fiktiven zu trennen und die sogenannte Kontroverse darzustellen. Wir werden uns die variierenden Definitionen und die neusten Forschungsergebnisse ansehen.

Die unbewusste Verarbeitung von Informationen (oder Informationsverarbeitung ohne das Bewusstsein, wie ich es lieber ausdrücke) ist für unsere Zwecke aus zwei Gründen besonders relevant. Erstens dringen viele Informationen, die Sie Zeit Ihres Lebens verarbeitet haben, direkt unterhalb der Schwelle ihrer bewussten Wachsamkeit in Ihr Bewusstsein ein. Diese Informationsverarbeitung ist zweitens ein sehr hilfreiches Werkzeug für verändernde Selbst-Botschaften, die Erwartungen und selbst-begrenzende Überzeugungen beeinflussen können. Doch jetzt greife ich mir selbst vor. Es ist wichtig, dass es eine Reihe von Mechanismen gibt, die Informationen vor dem bewussten Geist verbergen können. Tatsächlich scheint mir eine der interessantesten Fragen zu sein, wie Stress, Kummer und Trauma-Erfahrungen vor dem bewussten Geist faktisch versteckt werden können.

Ich habe jahrelang in der Kriminalistik gearbeitet, wobei eine meiner Methoden die forensische Hypnose war. Ich werde nie vergessen, dass ich eines Abends einen Anruf von der örtlichen Polizeistelle erhielt: Es hatte sich ein bewaffneter Überfall ereignet, in den der örtliche Theaterintendant an einem Nachtschalter der Bank verwickelt wurde. Der Intendant konnte den Polizisten nur sagen, dass ihm eine »große Waffe« ins Gesicht gedrückt wurde, als er gerade das Geld vom Fahrersitz seines Fahrzeuges aus in die Schublade des Nachtschalters legen wollte. Wie von ihm gefordert wurde, gab der Intendant das Geld dem Täter und blieb noch einige Minuten still sitzen, bis der Dieb geflohen war. Derselbe Intendant war unter Hypnose fähig, uns Einzelheiten zu dem Wagen mitzuteilen, den die Täter gefahren hatten. Es stellte sich heraus, dass der Intendant früher einmal Geschäftsführer bei der Autovermietung Hertz war und sich sehr gut mit Autos auskannte. Er hatte den Wagen für einen kurzen Moment in seinem Rückspiegel gesehen, als das Innenlicht anging und der Bewaffnete aus dem Wagen sprang, der sich hinter ihm eingereiht hatte. Im Auto wartete der Fahrer, um schnell fliehen zu können. Der Theaterintendant lieferte unter Hypnose eine vollständige Beschreibung der beiden Männer, des Autos und sogar von einem Teil des Nummernschildes. Man fand das Geld wieder auf und die Verdächtigen wurden binnen weniger Stunden gefasst.

Selbst unter dem Einfluss von Drogen und Alkohol erinnert sich das Unterbewusstsein. Das hat mir ein Fall bewiesen, mit dem ich ein anderes Mal zu tun hatte. Ich wurde gebeten, einen Lügendetektor-Test und eine forensische Hypnose mit einem jungen Mann durchzuführen, der für den Mord an seiner Mutter im Staatsgefängnis saß. Er behauptete, das Verbrechen nur deshalb gestanden zu haben, weil er unter Druck gesetzt worden war und weil man ihm dafür eine Freilassung in Aussicht gestellt hatte. Unter Hypnose war er dann in der Lage, anschauliche Details zu seinem Aufenthaltsort zur Tatzeit zu nennen. Es waren Einzelheiten, die darauf hinwiesen, dass er sich im Park vor Polizeibeamten versteckt hatte, die gerade im Zusammenhang mit einem ganz anderen Fall Mülleimer durchsuchten. Der Zeitpunkt der Ermordung, eine verhältnismäßig brutale Tat, die auch ein Sexualverbrechen einschloss, machte es unmöglich, dass der junge Mann gleichzeitig an seinem angeblichen Aufenthaltsort und am Tatort sein konnte. Die Informationen, die er hatte, konnten aus keiner anderen Quelle stammen. Das Polizeiprotokoll und andere Quellen bestätigten die Information und bei einer weiteren Anhörung wurde er freigesprochen. Er hatte am fraglichen Abend Drogen genommen und Alkohol getrunken und er hatte keine bewusste Erinnerung mehr daran, was in dem Zeitraum geschehen war, nachdem er eine Party verlassen hatte und bevor er die Leiche seiner Mutter fand. Ohne die Hilfe der Hypnose würde er wohl noch immer seine Zeit absitzen.

Unserer Wahrnehmung oder unserem Bewusstsein dessen, was wir wahrnehmen, liegen zahlreiche Mechanismen zugrunde. Das ist der entscheidende Punkt: Wenn alle Informationen, die wir verarbeiten – auch sogenannte verneinende und Verbots-Aussagen aus unserer Erziehung, die Menge aller negativen Informationen, die wir direkt und indirekt je erhielten –, in unserem unbewussten Geist verbleiben, dann ist es nicht verwunderlich, dass unser Denken und unsere Entscheidungen so vorbestimmt erscheinen. Tatsache ist, dass wir im Voraus festgelegt *sind*, und darin liegt die Krux.

Lassen Sie uns nun erst noch die unterschwellige Verarbeitung von Informationen betrachten, bevor wir ein Modell von Geist und Verhalten erstellen.

Ein gewisses Potenzial an Widerstand
ist dem Menschen oft eine große Hilfe.
Drachen steigen gegen, nicht mit dem Wind.
John Neal

5. Kapitel

Informationsverarbeitung ohne das Bewusstsein

In den frühen 80er-Jahren arbeitete ich im Bereich der Kriminalistik. Ich besaß eine Agentur, die unter anderem pro Jahr mehrere Hundert Lügendetektor-Tests durchführte. Ein Problem, dem man bei solchen Tests mit Lügendetektoren begegnet, sind »Uneindeutigkeiten«, wenn keine ausreichende physiologische Reaktion gemessen werden kann. Dann sind die Kurven nicht aussagekräftig genug, um mit Überzeugung sagen zu können, ob sie eine Lüge anzeigen oder nicht. Uneindeutigkeiten sind in der Regel das Resultat eines schlechten Testaufbaus oder schlechter Techniken beim Vorgespräch oder aber, und das ist noch häufiger der Fall: Ergebnis von Gegenmaßnahmen oder von situationsbedingtem Stress. Der langen Rede kurzer Sinn: Ehrliche Menschen machen sich solche Sorgen über die Testergebnisse, dass ihr Stress alle Fragen derart überlagert, dass er den Netto-Unterschied verringert, der zwischen den verschiedenen Arten von Fragen, also relevanten, stress-besetzten, Kontrollfragen und unwichtigen Fragen, gemessen wird. Unehrliche Menschen setzen Gegenmaßnahmen ein, wie die in diesen Fällen typische Reißzwecke im Schuh. Damit fügen sie sich selbst bei wichtigen Fragen gezielt Schmerz zu, was die Unterschiede möglicherweise auch verfälscht. Ich wünschte mir, ein Subliminal-Programm zu verwenden, um den situationsbedingten Stress bei den Ehrlichen abzubauen und bei denen, die täuschen wollen, zu intensiveren.

Also beschloss ich, mehr über subliminale Kommunikation herauszufinden. Schon damals gab es in der Literatur zahlreiche Forschungsergebnisse, die auf die Wirksamkeit unterschwelliger Kommunikation hinwiesen. Für mich war es aber nachteilig, dass sich die meisten Arbeiten auf visuelle Subliminal-Methoden bezogen, wie auf ein Tachistoskop, das optische Reize anzeigte, was aber leider nicht zu der Verwendung passte, die ich plante. Die übrige Literatur befasste sich zwar auch mit Audio-Methoden, doch die wurden nur unter strikt kontrollierten Bedingungen eingesetzt. So führte man zuerst Hörtests durch, um die individuellen Schwellen der bewussten Wahrnehmung zu ermitteln, und regelte dann die Hintergrundgeräusche aus der Umgebung so, dass keine Geräusche hinzukommen konnten, die Signalstärke erreichten. Es gab auch eine Reihe von Einzelberichten zu verschiedenen Einsatzmöglichkeiten: von der Eindämmung des Ladendiebstahls bis hin zur Verhinderung von Ohnmachtsanfällen bei Patienten, die auf eine medizinische Behandlung warteten. Die meisten dieser Einzelberichte, auf die ich stieß, hingen irgendwie mit der »Becker Black Box«* zusammen.

Wie in vielen anderen Fällen auch, habe ich zu Anfang das ein oder andere zum Thema Subliminales bzw. Unterschwelliges aus den Medien erfahren. Da gab es die berüchtigten

---

* Es handelt sich um eine Art Tonmischgerät aus den 70er-Jahren des Herstellers Becker, mit dem Hintergrundmusik und versteckte Botschaften, z. B. gegen Ladendiebstahl, abgemischt werden konnten. Die Funktionsweise des Gerätes hielt der Hersteller vermutlich aus Marketing-Gründen geheim. Für seine Vermarktung hatte er eine eigene Firma gegründet. Die wichtigsten Zielgruppen waren für ihn die Besitzer von Geschäften und Kaufhäusern.

Aussagen des Werbefachmanns James Vicary zu Cola und Popcorn. Er hatte in den 50er-Jahren behauptet, den Konzessionsverkauf im Kino zu steigern, indem man etwa während der Vorführung des Films *Picknick* Worte wie »Hunger – iss Popcorn!« auf das Gesicht von Kim Novak blitzte. Entgegen der verbreiteten Meinung ist dies vermutlich nie geschehen. Vicary besaß ein weiteres Unternehmen und wollte den Filmtheatern im ganzen Land Subliminal-Projektoren verkaufen. Als Vicary vor den amerikanischen Kongress geladen wurde, um über die angeblichen Popcorn-Botschaften auszusagen, leugnete er, sie eingesetzt zu haben. Aus Recherchen und Berichten wissen wir aber, dass er die Möglichkeiten dazu hatte. Die Anhörungen zu subliminaler Kommunikation vor dem Kongress 1984, die Wut der amerikanischen Öffentlichkeit und das allgemeine Klima der Angst vor dem Orwell'schen Überwachungsstaat in dieser Zeit könnten ihn veranlasst haben, zu leugnen, so etwas getan zu haben.

Bücher von gesellschaftskritischen Journalisten wie Norman Cousins und Vance Packard verbreiteten im Zusammenhang mit der subliminalen Kommunikation Schreckensnachrichten. Cousins bezeichnete diese Technologie als die potenziell gefährlichste, die je entwickelt wurde. Darüber, wie sie eingesetzt werden könnte, um die Öffentlichkeit zu manipulieren, sprach Packard in seinem Bestseller *Geheime Verführer*. Dann kamen die Bücher von Wilson Brian Keyes auf den Markt, die die Verwendung von Subliminal-Botschaften in allem und jedem bildlich darstellten – von der Speisekarte bis zur Playboy-Werbung. Die alarmierte Öffentlichkeit verlangte, dass etwas getan werden müsse, um sie vor dieser geistigen Invasion zu schützen. Es folgten Anhörungen und Artikel, doch letzten Endes wurden keine Gesetze verabschiedet, um dies zu verhindern. In den Vereinigten Staaten hat die für die Medienaufsicht zuständige Federal Communications Commission (FCC) eine Verordnung erlassen, die die

Ausstrahlung von unterschwelligen Botschaften verhindern soll. Die traurige Wahrheit sieht aber so aus, dass zwar mehr als ein Fall vor der FCC gelandet ist, doch nicht eine einzige Strafe verhängt wurde. Selbst die inzwischen berüchtigte »RATS«-Werbung, die Anspielung auf Ratten, die während des Präsidentschaftswahlkampfes George Bush junior gegen Al Gore im Fernsehen erschien, konnten die FCC lediglich dazu bewegen, den Werbespot zu verurteilen, mehr nicht. Es handelte sich hier um eine Wahlwerbung, in der die unterschwellige Botschaft in Form der fettgedruckten Buchstaben RATS prangte, die aus dem klein gedruckten DemocRATS hervorgehoben wurde. Die Demokraten reagierten empört. Die Republikaner versicherten anfangs, dass es sich bei der Werbung um einen »Unfall« handelte, räumten dann aber ein, dass es zwar Absicht war, jedoch nur ein Witz sein sollte, den man nicht ernst nehmen dürfe.

Ein weiterer Punkt, der mit Blick auf die Gesetzgebung Beachtung verdient, ist ein Gesetzentwurf im US-Bundesstaat Utah. Dieses Gesetz hätte die Verwendung von Subliminal-Informationen nicht für illegal erklärt, sondern ein sogenanntes erklärtes Einverständnis vorgeschrieben. Wenn also ein Einzelhändler subliminale Botschaften gegen Diebstahl einsetzen wollte, wäre das völlig in Ordnung, vorausgesetzt der Händler gibt bekannt, dass solche Botschaften verwendet werden und nennt auf Wunsch den Wortlaut der Affirmationen. Der Grund für Letzteres lag schlicht an einigen, auch mir bekannten, sogenannten Anti-Diebstahl-Botschaften. Zum Beispiel ist eine Nachricht wie: »Kaufen ist ehrlich«, nicht bloß eine Botschaft gegen Diebstahl, sondern zugleich ein Anreiz. Nachdem sich das Who's who der Werbewelt in Utah ein regelrechtes Stelldichein gegeben hatte, um gegen das Gesetz zu protestieren, wurde der Entwurf schließlich vom zuständigen Ausschuss befürwortet. Die Opposition behauptete lautstark, dass das Gesetz unnötig sei, weil niemand diese unterschwelligen Botschaften einsetze und auch nicht daran denke, da sie nicht funktionierten. Obwohl der Ausschuss dem Gesetzentwurf zugestimmt hatte, gelangte er nie zur Abstimmung in den Plenarsaal. Bis heute gibt es kein Gesetz, das den Verbraucher vor unterschwelliger Manipulation schützt.

Wie funktionieren Subliminals?

Kehren wir zurück zu meiner Geschichte. Da viele Unternehmen Tonträger mit Subliminal-Programmen anboten, rief ich eine Reihe von ihnen an. Ich sagte, wer ich war und fragte, wie sie ihre Kassetten denn herstellten. Man hätte meinen können, dass ich nach dem Geheimrezept für Coca-Cola gefragt hätte. Meiner Meinung nach hatten Firmen, die solche wissenschaftlichen Behauptungen aufstellten, die Pflicht, zumindest einige Informationen darüber preiszugeben, wie denn das Programm erstellt worden war, das angeblich in der Lage war, Verhalten zu verändern. Doch keiner gab etwas preis. Letzten Endes kaufte ich einige der Programme und schickte sie nach Kalifornien an die kriminaltechnische Untersuchungsstelle zur Prüfung. Als ich den Untersuchungsbericht erhielt, wusste ich, warum die Angelegenheit so geheim gehalten wurde. Fazit ist, dass sich auf den Tonträgern gar keine unterschwelligen Botschaften befanden, keine einzige. Zumindest war auf den Bändern keinerlei verbaler Inhalt, den man hätte wiederherstellen können.

Es war klar, dass für einen Impuls, der auf jemanden einwirken soll, eine ausreichende Signalstärke erforderlich ist. Reduziert man die Signalstärke, wird alles ungefähr so unterschwellig wie etwas, das in anderthalb Kilometern Entfernung gesprochen wird. Für manche wäre das Ergebnis vielleicht zufriedenstellend, wenn man denn bereit ist, davon auszugehen, dass der Geist magisch ist und auch aus dem Äther verbale Botschaften empfangen kann. Mit dieser Vorstellung stimmte ich allerdings nicht überein, also fing ich wieder von vorn an.

Beim erneuten Sichten der Literatur fand ich einige gute Arbeiten im Audio-Bereich, und zwar über Versuche, die sich Abschatten oder dichotisches Hören* nennen. Bei dieser Arbeit ist entscheidend, dass eine Botschaft von einer anderen verdeckt wird. Wenn etwa ein Ohr eine Zeit lang wahllose Zahlenfolgen wahrnimmt, hört das andere Ohr währenddessen Teile einer Geschichte. Danach wechselt die Geschichte auf das Ohr, das die Zahlenfolge gehört hat und umgekehrt. Testteilnehmer berichten in der Regel, dass sie die Geschichte verstanden haben, die Zahlen könnten sie aber nicht wiedergeben. Manchmal werden auch dem einen Ohr wahllose Worte eingespielt, und dem anderen Teile einer Geschichte. Das Gehirn greift sich die Worte heraus, die es benötigt, um die Geschichte zu vervollständigen, die zugleich dem anderen Ohr erzählt wird. Hier die Veranschaulichung:

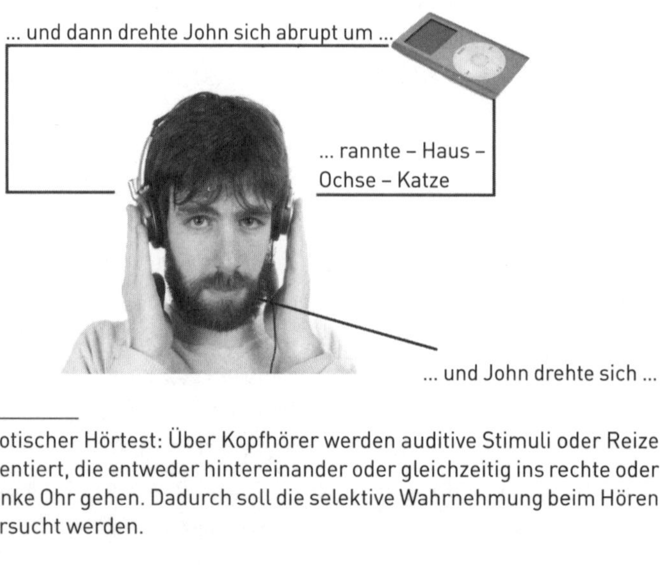

* Dichotischer Hörtest: Über Kopfhörer werden auditive Stimuli oder Reize präsentiert, die entweder hintereinander oder gleichzeitig ins rechte oder ins linke Ohr gehen. Dadurch soll die selektive Wahrnehmung beim Hören untersucht werden.

Eine typische Aufgabe zur Abschattung. Die Botschaften werden an das rechte und das linke Ohr zur gleichen Zeit gesandt und die Versuchsperson versucht, ein Ohr abzuschatten.

In diesem Fall folgt die Teilnehmerin der sinnvollen Aussage, die sich von einem Ohr auf das andere verlagert.

Nun muss ich aber erst noch ein bis zwei Schritte zurückgehen. Mir war ein Verfahren bekannt, dass sich »back masking«* nennt und das versteckte Rückwärtsbotschaften betrifft. Ein Toningenieur einiger maßgeblicher Künstler hat mir berichtet, dass er eigenhändig solche Rückwärtsbotschaften in deren Lieder gemischt hat. Ich war ebenfalls davon überzeugt, dass Kinder, und es sind nicht wenige, die Zahl 5 und den Buchstaben S miteinander verwechseln, weil sie beide rückwärts schreiben, und dass sie dies nur deshalb

* Seit Beginn der 60er-Jahre experimentierten Musiker mit der »back masking« genannten Aufnahmetechnik, bei der zunächst rückwärts aufgenommene Musikstücke in ein Lied eingefügt werden. Im Zusammenhang mit der Methode kursieren Gerüchte, nach denen Rockmusiker angeblich auch unmoralische oder destruktive Aussagen als Rückwärtsbotschaften in ihren Liedern verborgen haben, um die Zuhörer unterschwellig zu beeinflussen.

tun, weil sie irgendein spiegelverkehrtes Bild in ihrem Geist zurechtrücken. Außerdem haben die holografischen Modelle, wie die Forscher Karl Pribram und David Bohm sie entwickelt haben, eine einfache Technik aufgezeigt, mit der diese Umkehrung oder Spiegelung der Sprache erreicht wurde. Ich habe mich auf dieses Modell in meinen Büchern über subliminale Informationen als MIP-Methode* oder Paradigma der Spiegelung bezogen. Vielleicht erinnern Sie sich daran, dass der angesehene Neurowissenschaftler Karl Pribram und der Physiker und Nobelpreisträger David Bohm die Theorie entwickelt haben, dass das Gehirn Informationen holografisch speichert. Das heißt, es speichert überall im Gehirn Informationen. Laut dieser Theorie trägt jede Zelle Informationen, oder genauer, Erinnerungen wie ein winziger Teil eines holografischen Filmstreifens. Wenn ein holografisches Bild auf eine Filmplatte gebannt wird, kann die Platte in viele Teile geschnitten werden, doch wenn man Licht auf nur ein einziges Teil gibt, wird der Inhalt der gesamten Platte darin sichtbar. Mit anderen Worten: Anders als ein Bild, das man in Stücke schneidet, die danach ein Puzzle ergeben, enthält jedes Fragment eines holografischen Films das gesamte Bild.

Die rechte Gehirnhälfte ist die räumliche, kreative und nichtlineare Hälfte. Die linke Gehirnhälfte unterliegt den Regeln von Sprache, Logik und linearem Denken. Die Theorien zur Spezialisierung der beiden Gehirnhälften gehen davon aus, dass die rechte Hälfte – bei Rechtshändern – die räumliche, kreative und nichtlineare Gehirnhälfte darstellt. Die linke Hälfte unterliegt dagegen den Regeln von Sprache, Logik und linearem Denken. Die rechte Hirnhälfte ist auch der Sitz des Unbewussten oder Unterbewusstseins. Als ich darüber

* MIP – Mirror Imaging Paradigm, Spiegelbildparadigma

nachdachte, welche Schlussfolgerungen sich daraus ergeben, fiel mir ein, dass die rechte Gehirnhälfte vielleicht als erste die Sprache erworben hat, weil sie sich durch ihre Spezialisierung schneller entwickelt als die linke. (Kleinkinder nehmen zum Beispiel zuerst Dunkelheit und Helligkeit wahr, dann Gestalten usw.) Sollte dies zutreffen – zumal seriöse Untersuchungen schon bewiesen haben, dass Erinnerungen tatsächlich überall im ganzen Gehirn abgespeichert werden[10], – dann dürfte die Verteilung von Wörtern im Gehirn in extrem vereinfachter Darstellung so ähnlich aussehen wie auf diesem Bild:

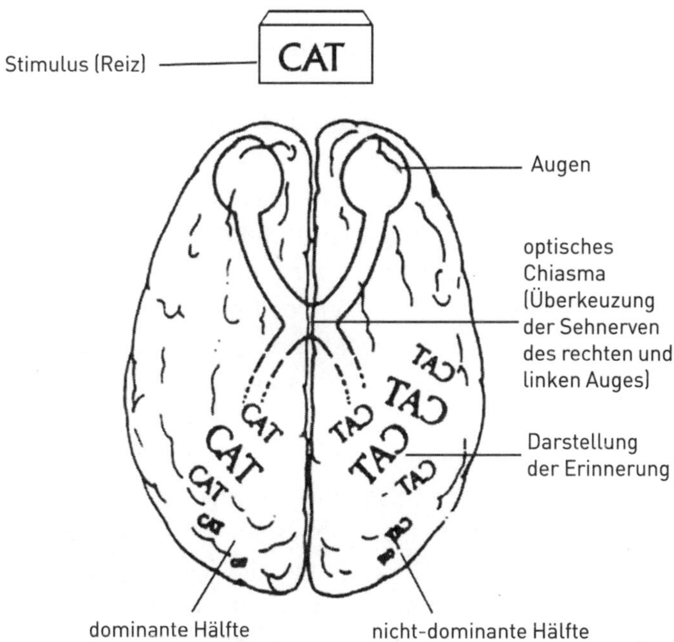

Als ich all dies aufaddierte, dämmerte es mir: Wie wäre es denn, wenn ich für die Subliminal-Technik Sprache hinter Rückwärtssprache verbergen würde? Ob dies den Geist so weit verwirren würde, dass er nicht mehr in der Lage wäre, die Aussagen bewusst voneinander zu unterscheiden? Übrigens kann die Spezialisierung der Gehirnhälften aus meiner Sicht den berühmten Stroop-Effekt erklären. Da sich eine der Gehirnhälften stärker als die andere mit Dingen wie Raum und Farbe befasst, während die andere Hälfte sich mit den Regeln von Sprache, Logik usw. beschäftigt, scheitert jemand, der dazu aufgefordert wird, beide miteinander zu verbinden, deutlich an dem Versuch. Für diejenigen, die den Stroop-Test nicht kennen: Es ist ein Versuch, bei dem die Namen verschiedener Farben andersfarbig abgedruckt werden, und zwar so, dass Name und Farbe nicht zusammenpassen. Das Wort »gelb« wird zum Beispiel in grün gedruckt, das Wort »blau« in rot und so weiter.

Die meisten Menschen sind der Auffassung, dass zwischen dem geschriebenen Wort und der Farbe des Schriftbildes eine erhebliche Interferenz besteht. Das, was eigentlich eine einfache Aufgabe sein sollte, wird recht schwierig. Als ich diese ganzen Informationen miteinander kombinierte, beschloss ich, gleichzeitig reguläre Sprache und Rückwärtssprache vorzuspielen, wobei die Sprachaufnahme aber mithilfe einer weiteren Tonspur verborgen wird, auf der Meeresgeräusche mit Vogelgesang oder Meeresgeräusche mit Musik zu hören sind. Dabei kam ich zu dem Ergebnis, dass die Fähigkeit des Menschen, die Sprache herauszuhören, völlig verloren ging. Mit der Zeit wurde diese Methode als Taylor-Methode bekannt. Ich ließ sie patentieren und heute heißt sie *InnerTalk®**. Wenn ich Studien durchführte, hatte jeder Teilnehmer oder Interessent die Möglichkeit, sich

* InnerTalk® heißt wörtlich so viel wie »Innere Botschaften«.

über die Vorgehensweise zu informieren, indem er das Patent einsehen und – wie bei jeder guten Studie üblich – meine Ergebnisse nachvollziehen konnte.

Übrigens war mir damals gar nicht bekannt, dass ein anderer Wissenschaftler namens David Oates zur gleichen Zeit wie ich mit Rückwärtssprache arbeitete. Es besteht wenig Zweifel daran, dass manche Kinder ihre Sprache mittels Rückwärtssprache entwickeln. Was kleine Kinder in der Phase der Sprachentwicklung äußern, wenn sie uns in die Augen schauen und etwas sagen, das nicht gu-gu oder ga-ga ist, was wir aber nicht verstehen, halten wir oft fälschlicherweise für Gebrabbel.

Wenn solche Sätze rückwärts abgespielt werden, ergeben sie sinnvolle Aussagen wie »Papa hilf!« Darüber hinaus sind mehrere Strafverfolgungsbehörden, genau wie ich, dahintergekommen, dass interessante Informationen ans Licht kommen können, wenn man die Antworten einer Aussage rückwärts abspielt. Das passierte mir zum ersten Mal, als ich per Hand eine Aufnahme rückwärts laufen ließ, die ich mithilfe des Psychological Stress Evaluators* bei einer Bandlaufgeschwindigkeit von 17 Zentimeter pro Sekunde gemacht hatte, um sie danach auf 30 bzw. 40 Zentimeter pro Sekunde wiederzugeben. Als ich mit der Hand eine Spule auf meinem Tonband rückwärts drehte, wurde aus der Verneinung »No« das Wort »liar«, also Lügner. Das erstaunte mich, vor allem weil die Verlaufskurven ebenfalls an dieser Stelle eine Lüge anzeigten. Ein Geständnis, das der Betreffende später ablegte, bestätigte, dass er bei der Aufnahme wirklich gelogen hatte. Wie war das möglich? Nun, wie der Mechanismus genau funktioniert, ist nicht bekannt. Es wurde allerdings nachgewiesen, dass Rückwärtssprache Informationen

* Bei diesem Messgerät für psychologischen Stress handelt es sich um einen Lügendetektor aus den 70er-Jahren.

hinzufügen, Aussagen widerlegen und oft noch mehr tun kann. In einem Kriminalfall, bei dem es um einen bewaffneten Raubüberfall ging, wurde zum Beispiel der Ort, an dem das Geld versteckt war, dadurch bekannt, dass die Aussagen aus der Vernehmung verlangsamt und rückwärts wiedergegeben wurden. Ganz im Sinne der Freud'schen Fehlleistung muss anscheinend auch das Unterbewusstsein immer seinen sprichwörtlichen Senf dazugeben.

Meine neue Methode führte auch zu der Entdeckung von vereinzelten Lauten, wie beispielsweise, wenn jemand leise spricht, wobei die Worte nicht bewusst voneinander unterschieden wurden. Wie konnte nun eine Botschaft lauten, die dazu führt, bei einem Test mit dem Lügendetektor die Bedrängnis zu lindern – und die in dem Fall, dass die Testperson vorsätzlich lügen will, die entgegengesetzte Wirkung hätte? Es war nicht leicht, doch am Ende entschied ich mich für zwei Bestandteile. Zum einen für den Satz: »Die Wahrheit wird euch befreien« und zum anderen für den gesamten 23. Psalm. Auf diesen Psalm griffen viele unserer Kriegsgefangenen im Zweiten Weltkrieg und während des Koreakrieges ihren Berichten zufolge zurück, um Angst und Stress in der Gefangenschaft zu lindern. Die Ergebnisse überraschten mich. Bei den Antworten in meinen Tests gab es keine »uneindeutigen« Antworten mehr und darüber hinaus stiegen auch die Geständniszahlen rasant an. Es gab sogar schon Momente, in denen ich am liebsten sagen wollte: »Halt, sagen Sie es noch nicht – ich werde pro Stunde bezahlt.«

Ich berichtete einigen Strafverfolgungsbehörden vor Ort über meine Untersuchungsergebnisse, bekam dabei allerdings zu hören, dass die Strafverfolger es für keine gute Idee hielten, dass wir diese Technik verwendeten, also ließen wir es bleiben. Doch da ich jetzt nun einmal wusste, dass das Verfahren im Zusammenhang mit dem Lügendetektor funktionierte, fragte ich mich, ob man es nicht auch bei Häftlingen einsetzen könnte. Die eigentliche Idee dazu hatte ein Freund von mir, Lee Liston, der Mitarbeiter im Staatsgefängnis in Utah ist. Als er auf mich zukam, machten wir uns sofort an die Arbeit, eine recht umfangreiche Studie zu entwerfen. Wir wandten uns an einen weiteren Freund, Dr. Charles McCusker, einen Psychometrie-Spezialisten, und legten eine Studie auf, in die wir den Persönlichkeitstest MMPI (Minnesota Multiphasic Personality Inventory) einbezogen – ein klinisches Instrument, das oft genutzt wird, um eine objektive psychologische Messung der Persönlichkeit durchzuführen. Es wird auch recht häufig in Gerichtsverhandlungen eingesetzt und man hält es im Allgemeinen für das beste Instrument zur Persönlichkeitsbeurteilung.

Unsere Studie bezog Gefängnisinsassen ein, die sich freiwillig als Teilnehmer gemeldet hatten. Sie wurden in drei Gruppen eingeteilt: eine Versuchsgruppe, die Botschaften empfing, die darauf abzielten, Feindseligkeit und Aggressionen zu senken, die Chancen für eine Rehabilitierung zu erhöhen und die Häufigkeit von Wiederholungstaten einzudämmen. Die zweite Gruppe, eine Placebo-Gruppe, sollte das Meeresrauschen ohne die Botschaften hören und die dritte Gruppe, die Kontrollgruppe, brauchte gar nichts zu tun. Die Studie sollte über einen Zeitraum von 30 Tagen laufen, wobei die Häftlinge, die sich freiwillig gemeldet hatten, dem Programm mindestens eine Stunde pro Tag zuhören sollten.

Wir führten den MMPI-Test in einer Version durch, die eigens für ein Haftumfeld entwickelt worden war. Der MMPI-Test wurde zuerst dafür verwendet, das Profil eines sogenannten gewöhnlichen Täters festzustellen. Die Ergebnisse des MMPI waren nicht wirklich überraschend: Sowohl bei der Selbstentfremdung als auch bei sozialer Entfremdung wurden hohe Werte angezeigt. Wir entschieden uns, vorher und nachher eine Charakterskala einzusetzen, das sogenannte Thurstone Temperament Schedule*, mit deren Hilfe wir die Wirksamkeit unseres InnerTalk®-Programmes prüfen wollten. Dennoch stand ich noch immer vor der Frage: »Was sagen wir den Häftlingen?«

In der wissenschaftlichen Literatur fanden sich nur zwei Botschaften, die eine magische Wirkung hatten. Die Arbeit von Lloyd Silverman in New York State legte dar, dass die Botschaft: »Es ist in Ordnung, besser zu sein als Papa«, in verschiedenen Bereichen zu bemerkenswerten Ergebnissen führte und dass die Botschaft: »Mami und ich sind eins«, anscheinend eine universelle Wirkung hatte: angefangen bei einer Verbesserung der Fähigkeit, Dart-Pfeile zu werfen bis hin zur Reduzierung der Symptome von Schizophrenie. Silverman stellte die Theorie auf, dass Freud'sche Komplexe oft auf dem Wege der Anpassung sublimiert werden und dass dies zu Spaltungen in der Psyche führen kann, was ihn wiederum auf die folgende subliminale Botschaft brachte: »Mami und ich sind eins«.[11] In meiner eigenen Arbeit gehe ich davon aus, dass mit »Mami« nicht unsere leibliche Mutter gemeint ist, sondern der allgemeingültige Archetypus der Mütterlichkeit, nämlich der Schoß. Der Schoß – sei es der einer Mutter oder der Natur, der Welt, des lebenden Bewusstseins, das als Gaia bekannt ist – dieser Ort ist ein Heiligtum. Allerdings zeigte Silvermans Arbeit auch, dass diese Botschaft keinerlei Wirkung hatte, wenn sich die Versuchsperson ihrer bewusst war. »Wunderbar«, dachte ich, als ich die Literatur durchsah, »doch irgendwie glaube ich, dass die ›Mami‹-Botschaft für unsere Gefängnis-Gruppen

* Eine Art Psychotest, bei dem Charaktereigenschaften auf einer Skala erfasst werden, die folgende Merkmale berücksichtigt: aktiv, gewalttätig, impulsiv, dominant, stabil, sozial, reflektiert. Der Test ist nach dem Psychometriker und Universalwissenschaftler L. L. Thurstone benannt, der ihn entwickelt hat.

nicht ganz ausreichend ist.« Also welche Botschaft oder Botschaften sollten wir dann für unser Programm verwenden?

Es war an der Zeit, mit den Häftlingen zu reden und ihnen mitzuteilen, wie das Programm aussehen sollte. Was wir dabei entdeckten, veränderte mein Leben und es könnte auch Ihres verändern. Im nächsten Kapitel werden wir uns diese Informationen genauer ansehen und ich werde wieder versuchen, sie Ihnen mit einigen Geschichten und Erfahrungsmaterial auf persönliche Weise zu vermitteln. In den folgenden Kapiteln werde ich noch andere Erfahrungen aufführen und meine Meinung dazu mitteilen, was hinter manchen der Fehlannahmen steckt, die über die subliminale Kommunikation kursieren. Es ist bemerkenswert, dass heute kaum noch eine Kontroverse darüber herrscht. Sogar der neurologische Prozess hinter dem subliminalen Lernen ist entdeckt worden. Im Mai 2005 hat eine Gruppe von Wissenschaftlern unter der Leitung von Takeo Watanabe vom Center for Memory and Brain der Universität Boston bekannt gegeben, dass die »Gruppe ganz genau festgestellt hat, welcher Mechanismus subliminales Lernen möglich macht.«[12]

Du hast Kräfte, von denen du nie geträumt hättest.
Du kannst Dinge tun, die du dir nie zugetraut hättest.
Das, was du tun kannst, kennt keine Grenzen
außer den Grenzen deines eigenen Geistes.
Darwin P. Kingsley

6. Kapitel

Ein einfaches Modell von Geist und Verhalten

Als ich mit Häftlingen sprach, hatten sie alle stets Geschichten, Personen oder Ereignisse parat, denen sie die Schuld an den Fehlern ihres Lebens geben konnten. Diese Einstellung habe ich in Vorträgen häufig so zusammengefasst: »Wenn dich das erwischt hätte, wärst du heute an dem selben Punkt wie ich. Meine Mutter war Prostituierte, mein Vater Alkoholiker. Als ich 12 war, machte mich der Nachbarsjunge heroinabhängig.« Und so weiter, und so weiter, und so weiter. Sie empfanden auf diese Weise keine Schuld an ihrer Situation. Auch wenn ihre Geschichten nicht stimmten oder stark übertrieben waren, sahen sie noch immer nicht ihre Schuld. Sie fanden stets eine Sache oder einen Menschen, den sie beschuldigen konnten. Sie versuchten, mit ihrer Lebensgeschichte Verständnis und Sympathie zu wecken. Nicht, dass einige ihrer Geschichten nicht auch bewegend wären, doch hier kommt es mir darauf an, dass das Beschuldigen anderer ihre eigene Verantwortung weitgehend ausschließt, und zwar durch vermeintlich rationale Fragen wie: »Was hättest du denn gemacht?« oder »Es mag ja falsch gewesen sein, doch was hätte ich denn sonst tun sollen?« Ihre sogenannten

Wahlmöglichkeiten sind aufgrund von ihren Erfahrungen ähnlich eingeschränkt, wie die in unserer Blumentopf-Geschichte.

Häftlinge verfügen im Allgemeinen über einen Kompensationsmechanismus, der anders funktioniert als bei anderen Menschen in der Gesellschaft. Denken Sie an die hohen Werte zurück, die sich bei der Untersuchung von sozialer Entfremdung und Selbstentfremdung bei den Gefangenen ergeben haben. Jemand, der ein niedriges Selbstwertgefühl hat, passt sich im Allgemeinen an sein Umfeld an, indem er denkt, dass andere besser sind als er. Bei unserer Häftlingsgesellschaft war das anders. Viele von ihnen übten folgendermaßen Kompensation: »Wenn ich zu nichts gut bin, dann bist du es auch nicht. Was du nicht willst, das man dir tu, das füg zuerst dem anderen zu. Warte nicht erst darauf, dich zu rächen, sondern räche dich im Voraus.«

Ich bin allerdings zu der Erkenntnis gelangt, dass die Subliminal-Methode, die ich ursprünglich bei den Häftlingen anwenden wollte, um sie von ihren gewohnten Kompensationsmustern zu befreien, überall funktioniert, wie mir meine Arbeit gezeigt hat. Es trifft für Gefängnissysteme genauso zu wie für Hospizzentren. Es gilt für professionelle Elitesportler, für erfolgreiche Unternehmertypen, für Kleinkinder und für jeden anderen. Es funktioniert auf allen Kontinenten. Ich weiß, dass es funktioniert, weil wir über eine Vielzahl an Studien verfügen, die wir mit großem Aufwand betrieben haben. Ich bin davon überzeugt, dass es überall anwendbar ist, in jeder Sprache, für jeden Menschen.

Doch wie sollten nun die Botschaften des Subliminal-Programmes für die Gefängnisinsassen lauten? Eigentlich liegt es auf der Hand, doch lassen Sie mich gedanklich noch einmal etwas weiter ausholen. Es gibt zwei Arten, auf die man in dieser Welt gebunden sein kann. Zum einen kann es ein anderer Mensch sein, der sie bindet. Zum anderen kann es sein, dass Sie die Wahl treffen, sich an einem dünnen Faden festzuhalten, der an irgendetwas befestigt ist, und sich weigern, ihn entweder loszulassen oder so fest zu ziehen, dass der Faden reißt. Sie mögen durchaus das Gefühl haben, herumzulaufen, doch sobald Sie das Ende des Fadens erreichen, machen Sie kehrt und gehen zurück. Interessanterweise werden Elefanten auf genau diese Art ausgebildet. Wenn man Elefanten an eine lange Kette legt, wenn sie noch ganz jung sind, werden sie bald lernen, dass sie angebunden sind. Versuchen sie zu fliehen, wird ihnen plötzlich der Boden unter den Füßen weggezogen, sie stürzen und verletzen sich. Wenn die Elefanten dann groß sind und die Kette eigentlich leicht zerreißen könnten, sind sie friedlich, selbst wenn sie nur an einem ganz dünnen Seil angebunden sind. Sie entscheiden sich, wenn man den Begriff in diesem Zusammenhang verwenden kann, die Grenze nicht auszutesten.

An Schuldzuweisungen festzuhalten ist dasselbe, wie gebunden zu sein

Solange die Praxis der Schuldzuweisungen nicht aufhört, gibt es nichts, was Sie daran ändern können, denn es ist ja schließlich nicht Ihre Schuld. Wenn es nicht Ihre Schuld ist, wie kann dann jemand, einschließlich Ihnen, erwarten, dass Sie die Verantwortung für die Sache übernehmen? Wenn Sie nicht verantwortlich sind, dann haben Sie auch nicht ausreichend Eigenmacht, um Veränderungen zu bewirken. Mit anderen Worten entmachtet Sie das Spiel der Schuldzuweisung – unmittelbar. Exakt in dem Maße, wie wir eine Sache oder eine andere Person beschuldigen, geben wir unser Vorrecht auf unsere Eigenmacht auf. Das Endergebnis beschreibt Ronald Laing in *Die Phänomenologie der Erfahrung* auf eloquente Art und Weise. Er schreibt, dass der Zustand der Entfremdung, des Schlafens, unbewusst und geistig nicht bei sich zu sein, der Zustand des normalen Menschen sei. Die Gesellschaft schätze ihren normalen Menschen hoch, deshalb erzieht sie die Kinder dazu, sich selbst zu verlieren und sich absurd zu verhalten, also dazu, normal zu sein. Er führt weiter aus, dass diese »normalen« Menschen, die aus unserer Erziehung hervorgehen, in den letzten 50 Jahren ungefähr eine Milliarde ihrer Mitmenschen getötet haben und dass dieses extrem zerstörerische Verhalten für uns kaum in Gedanken zu fassen sei. Daraus folgert er, dass das, was wir denken, weniger sei als das, was wir wissen; dass das, was wir wissen weniger sei als das, was wir lieben; dass das, was wir lieben so viel weniger sei als das, was wir sind. Und genau in diesem Maße seien wir so viel weniger als das, was wir sind.

Solange wir andere beschuldigen, berauben wir uns unserer Eigenmacht

Lassen Sie uns nun ein Modell konstruieren und sehen, ob wir die Räder und Hebel finden, die all diesen Un-Sinn in eine sinnvolle Ordnung bringen. Auf der folgenden Abbildung stellt der Kreis den Geist dar.

Von der Vorstellung ausgehend, dass wir nur zehn Prozent oder weniger von unserem Geist/Gehirn benutzen, zeigt unser Modell, dass drei Prozent zu jedem Zeitpunkt unser aufmerksames Bewusstsein bilden und etwa sieben Prozent vorbewusst sind. Letztere kann man sich auch als so etwas wie den Text unseres Lieblingsliedes vorstellen, den wir nicht zu jeder Zeit in unserem bewussten Geist parat haben. Bei den übrigen 90 Prozent handelt es sich um ungenützte Ressourcen, die zu unserem *Unter- oder Unbewussten* gehö-

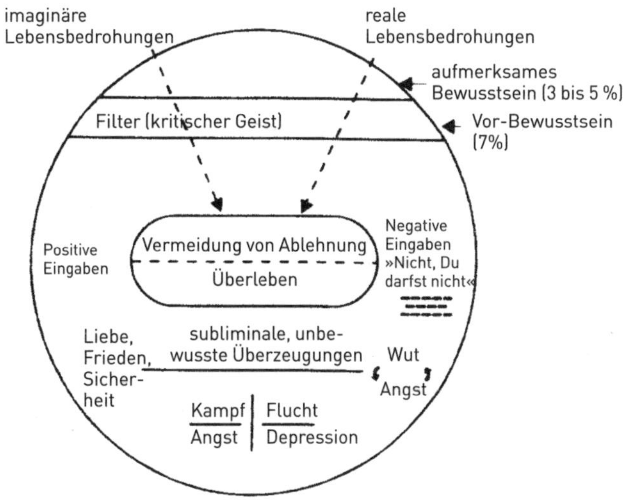

Modell der subliminalen Programmierung

ren. In diesem Fall verwende ich die Begriffe Unter- und Unbewusstes synonym, obwohl mir völlig bewusst ist, dass beide Begriffe in der psychologischen Literatur scharf voneinander abgegrenzt werden.

Unten auf dem Diagramm sieht man *Kampf/Flucht* über *Angst/Depression* stehen. Im modernen Menschen ist aus Kampf Angst geworden (Kampfbereitschaft, ein Zustand erhöhter Erregung) und die Depression hat die Flucht ersetzt. In Fällen von chronischer Depression fliehen die Betroffenen so stark ins Innere, dass sie sich häufig fast vollständig von der Außenwelt zurückziehen.

Beachten Sie bitte, dass über dem Kreis *zwei Formen von Reizen* angezeigt werden. *Reale Reize* könnten etwa der altbekannte Säbelzahntiger sein oder eine Magnum 357, die Ihnen an die Schläfe gehalten wird. Und wozu dann der *künstliche Reiz*? Künstlich bezieht sich hier auf einen Reiz, der anders als ein wirklicher Impuls, nicht tatsächlich lebensbedrohend ist, auf den wir jedoch so reagieren, als ob er es wäre. Wenn sich unser Körper mit anderen Worten auf das verlagert, was wir an anderer Stelle als Verteidigungshaushalt bezeichnet haben, dann tritt die altbekannte Angst und/oder Depression ein. Ganz gleich, ob der Reiz ein realer oder ein imaginärer (künstlicher) ist, reagiert unser Körper darauf mit einer chemischen Reaktion. Für viele kann so ein künstlicher Reiz ein Blick des Chefs sein, ein Wort des Lebenspartners, ein Brief, in dem Forderungen gestellt werden oder auch jemand, der uns im Straßenverkehr bedrängt oder uns »den Mittelfinger zeigt«. Da wir es in unserem Leben in erster Linie mit künstlichen Reizen zu tun haben, kann man sich zu Recht fragen, was diese Impulse dazu befähigt, in uns eine Reaktion von Kampf/Flucht bzw. Angst/Depression auszulösen.

Lassen Sie uns noch einmal einen Blick auf das Modell werfen. Wir sehen, dass über dem Begriff *Überleben* die *Vermeidung von Ablehnung* steht. Es scheint, als ob unser Bedürfnis, akzeptiert, respektiert usw. zu werden, genauso schwer oder fast noch schwerer wiegt als unser Überlebenstrieb. Eines der menschlichen Grundbedürfnisse ist die Akzeptanz. Ob das dazu dient, die sogenannten Grundtriebe auszugleichen, oder ob es einen anderen Zweck hat, ist nicht ganz klar – Tatsache ist aber, dass wir alle akzeptiert und geliebt werden möchten. Irgend etwas uns Ureigenes wird bedroht, wenn wir im Verkehr abgedrängt werden oder wenn ein anderer Mensch uns voller Verachtung oder Ablehnung behandelt, vor allem einer, der irgendeine Form der Macht über uns hat.

Dieser künstliche Impuls ist auch noch interessant, weil er nicht auf jeden gleich wirkt. Was für den einen ein stressbesetzter Reiz ist, stellt für den anderen eine begehrte Anregung dar. Ein Faktor ist aber allumfassend. Betrachten Sie noch einmal unser Modell. Unterhalb von *Vermeidung von Ablehnung* und *Überleben* steht etwas, das ich als *subliminale*

Überzeugungen bezeichnet habe. Unsere unterbewussten Überzeugungen, von denen wir einige kennen und andere nicht, bilden eine Art Kalkül. Stellen Sie sich einmal eine Messlatte von –10 an einem Ende bis +10 am anderen Ende vor. An dem einen Ende würde man –10 Einheiten Vergnügen messen, also 10 Einheiten Schmerz. Am anderen Ende würden +10 Einheiten Vergnügen stehen. Jeremy Bentham hat dies als Lustkalkül[13] bezeichnet. Wenn wir diese Messung verwenden, können wir Überzeugungen auf einer Skala messen, die von *Liebe, Frieden und Sicherheit* bis zu *Wut und Angst* reicht. Diese Eigenschaften finden wir in unserem Modell an den beiden entgegengesetzten Enden der Linie, die unsere unbewussten oder sulibiminalen Überzeugungen darstellt. Die meisten Menschen wünschen sich, geliebt zu werden und sich sicher zu fühlen und viele Verhaltensweisen sind darauf ausgerichtet, Ablehnung zu vermeiden. Wenn unsere Überzeugungen bedroht werden, bewegt sich das Ergebnis auf der Skala in Richtung Wut und Angst.

In dem typischen, an Eltern und Bezugsgruppen orientierten Reifungsprozess, empfängt jeder von uns eine Menge Botschaften. Einige sind positiv, doch die meisten sind negativ. Jedes »Nicht!« und »Du darfst nicht« und alle selbstbegrenzenden Überzeugungen werden in unsere subliminalen Überzeugungen einsortiert. Jedes Mal, wenn uns gesagt wird, dass wir dumm, unattraktiv, dick oder dünn, nicht alt genug, nicht schlau genug usw. sind, wird dies wie eine Tonaufnahme in unserem unbewussten Geist aufgezeichnet. Jedes »Nicht!« und »Du darfst nicht« in Verbindung mit den »Sollte«s und »Müsste«s bilden die Form unseres Geistes. Dazu gehören auch Dinge, die uns die Unterhaltungsmedien vermittelt haben, wie etwa, ein Anrecht darauf zu haben, sich zu rächen. All dieser Un-Sinn wird Teil dessen, was wir denken, Teil unserer Realität, die unsere Selbst-Definition und unsere Erfahrungen verankert und die wie eine Endlosschleife funktioniert, um unsere Überzeugungen zu verstärken. Unsere Sprache, unsere Erfahrungen, die Resonanz, auf die wir stoßen, wurden ohne unser bewusstes Wissen oder unser Einverständnis programmiert.

Vor Jahren habe ich eine Reihe von Anagrammen für Wut und Angst erstellt. Sie bilden einen Kreislauf. Wut (ANGER = A Nasty Getting Even Response) ist demnach eine bösartige, rachsüchtige Antwort.

Angst (FEAR = For Every Anger Response) ist Reaktion auf jeden Ausdruck von Wut. Das bedeutet, dass auf jeden Ausdruck von Wut mit einer bösen rachsüchtigen Antwort reagiert wird. Wut, die ohne Angst auftritt, gibt es nicht. Das sollten manche der sogenannten »echten Kerle« in dieser Welt einmal begreifen – es gibt keine Wut, die nicht mit Angst verbunden ist!

Schuld und Angst bedingen sich gegenseitig

Vielleicht fragen Sie sich, was denn diese Angst ist? Die Angst kann vieles sein. Sie kann variieren, von dem Gefühl »Du hast mir etwas weggenommen«, einschließlich unseres Platzes in der Warteschlange im Berufsverkehr (Akzeptanz/Respekt), bis hin zu »Du hast nicht dieselben Anschauungen wie ich«, was auch darauf abzielt, Ablehnung zu vermeiden.

Was ich bei den Gefängnisinsassen entdeckt habe, ist die Fähigkeit, Verantwortung zu negieren. Eine Funktion, die in unserem Modell allerdings nicht angezeigt wird, ist die Beschuldigung. Dabei ist Beschuldigung die Methode, mit der wir die Verantwortung umgehen und auch das ist in unserer Kultur verankert. Um irrationale Verhaltensweisen, Gedanken und so weiter zu rechtfertigen – oder auch wenn wir den irrationalen Charakter all dessen gar nicht erkennen –, klagen wir an. Die Häftlinge klagten an. Es war nicht ihre Schuld und jeder sollte das verstehen. Die wirklichen Fakten könnten ganz anders aussehen, damit will ich die ein oder andere reale Negativität gar nicht leugnen, doch viele Menschen stehen den selben Hindernissen gegenüber und wählen einen ganz anderen Umgang mit ihnen als einen kriminellen.

Ich persönlich sehe Hindernisse gern als Chancen an. Warum denn auch nicht? Es ist viel pragmatischer, mit Problemen positiv umzugehen als negativ, schon allein aus Gründen der Gesundheit und des persönlichen Wohlbefindens – die gute alte Körperchemie – wissen Sie noch? Wirklich, Lassen Sie mich Ihnen eine sehr pragmatische Sichtweise vorstellen: Ich habe gelernt, dem Leben mit einer Haltung der Dankbarkeit zu begegnen. Aufgrund meiner Forschung und der Arbeit mit den Gefängnisinsassen entdeckte ich, dass ein Mittel gegen Negativität leicht zu finden war. Nämlich dadurch, dass ich einfach die Art änderte, auf die ich bestimmte Dinge definierte. Wenn mir also irgendjemand oder irgendetwas begegnet, das mich in Stress, Wut oder ähnliches versetzen könnte, rufe ich mir folgenden Satz ins Gedächtnis: »Ich kann es kaum erwarten, das Gute zu sehen, was hieraus entsteht.«

Ich entscheide mich, die Welt so zu sehen, dass sie mir alles liefert, was ich zum jeweiligen Zeitpunkt gerade brauche. Ich entscheide mich zu denken, dass alles, was mir geschieht, schon zu irgendetwas gut sein wird. Es ist nicht immer unbedingt leicht, das Gute zu sehen, doch diese Art zu denken entschärft Gifte, wie zum Beispiel Cortisol, das sich ansonsten wohl in meinem Körper ansammeln würde. Cortisol ist eine Chemikalie, die aufgrund von Stress in unserem Körper gespeichert wird. Wut und Angst, Schuld und Scham sind Stressfaktoren, die Cortisol erzeugen. Cortisol kann buchstäblich töten. Es wird mit verfrühter Alterung und verschiedenen Krankheiten in Verbindung gebracht, sowie mit

Gehirnschäden. Es ist also nichts, was ein vernünftiger Mensch wirklich gern im Körper erzeugen, geschweige denn behalten möchte.

An einem sonnigen Sommermorgen fuhr ich also mit meiner neuen Einstellung zum Parkplatz vor meinem Büro. Als ich an einer Videothek in derselben Ladenzeile vorbeifuhr, setzte plötzlich ein Fahrer aus seiner Parklücke zurück und fuhr meinem neuen Wagen direkt in die Seite. Krach! Der erste Gedanke, der mir kam, war nicht gerade mein Lieblingsgedanke, doch ich korrigierte mich sofort und sagte mit strenger Stimme laut zu mir selbst: »Ich kann es kaum erwarten, das Gute zu sehen, was hieraus entsteht!«

Der Fahrer des Wagens, der mich gerammt hatte, sprang aus seinem Auto und brüllte obszöne Schimpfworte. Er behauptete, dass ich mich extra hinter seinem kaputten Karren versteckt hätte, nur damit er mir reinfahren würde. *Genau*, dachte ich, *ich habe meinen neuen Cadillac hinter deinem Schrotthaufen versteckt, nur damit du mir reinfährst*. Ich lächelte nur über den Mann und über sein Gefluche. Durch Zufall hielten sich auf dem Parkplatz Polizeibeamte auf, die den ganzen Vorfall gesehen hatten. Sie hatten auch mit angehört, was mir der Mann vorwarf. Eigentlich hätte man nur lachen können, wenn es nicht so tragisch gewesen wäre. Der Mann hatte – wie sich später herausstellte – weder eine Versicherung noch einen Führerschein und durfte wohl mit einer empfindlichen Strafe rechnen. Mir machte das nichts aus, weil meine Versicherung Schäden, die ein Kraftfahrer ohne Versicherung verursachte, mit abdeckte. Über kurz oder lang wurde mein Auto repariert und in meinem Körper haben sich die Chemikalien ausgebreitet, die für das Lachen zuständig sind – Sie sehen schon. Der reine Pragmatismus in mir schützte meinen Organismus vor wer weiß wie großen Mengen Cortisol und was hätte es denn – genau wie bei dem Blumentopf – auch gebracht, wütend zu werden?

Die Unglücks-Glückskekse-Sammler

Es ist jedoch interessant, dass es Menschen gibt, die an ihrem »Recht« festhalten, andere zu beschuldigen. Ich habe einen Freund in Südafrika, der beruflich Lügendetektortests durchführt. Er hat ein Erklärungsmodell, das mir gefällt. Bei ihm heißt es anders, doch ich nenne es das »Unglücks-Glückskeks«-Spiel. Kennen Sie auch diese besonderen »Keks-Sammler«? Diese Menschen gehen durchs Leben und sammeln dabei alle »Kekse«, die sie nur bekommen können. Wenn sie die Rolltreppe des Lebens hinauffahren, springen sie sogar noch hoch, um einen zu fangen, den sie dann in den Rucksack ihrer Lebenserfahrung stecken und später mit anderen teilen können. Und wie sie die »Kekse« miteinander teilen! Jeden Abend, zu Hause, im Pub, am Telefon oder per E-Mail berichten sie ihren Freunden alles über ihre »Kekse« des Tages. Dieser Austausch sieht in etwa folgendermaßen aus:

Erste Person: »Weißt du, was mir heute passiert ist? Die Angestellte im Tankstellenladen hat meine Kreditkarte nicht akzeptiert, nur weil ich meinen Ausweis im Portemonnaie auf der Arbeit vergessen hatte. Dabei kennt sie mich. Zum Teufel noch mal, sie sieht mich fast jeden Tag, aber sie ist auch eine echte Nörglerin.«

Zweite Person: »Das ist ja Mist, aber weißt du, was mein Chef heute zu mir gesagt hat? Er hat mir mitgeteilt, dass ich immer zu spät vom Mittagessen käme und deutete vage an, dass ich entweder pünktlich sein müsse oder meinen Job verlieren würde. Er weiß genau, dass in der Mittagszeit immer fürchterlich viel Verkehr ist und er bleibt selbst immer über eine Stunde weg. Ich hätte ihm einfach sagen sollen, dass er mich mal kann!«

Dritte Person: »Dein Tag war fast so schlimm wie meiner. Ich wurde quasi für nichts und wieder nichts von einem Polizisten angehalten. Jeder wechselt auf der Straße die Spuren, und nur weil ich mich direkt vor ihm eingefädelt habe, hat er mir einen Strafzettel gegeben. Das ist jetzt mein dritter in diesem Jahr und das wird meine Versicherungskosten in die Höhe treiben. Diese blöden Bullen sollten Verbrecher jagen statt ehrlichen Steuerzahlern auf den Fersen zu sein.«

Erste Person: »Das Leben ist schon ätzend. Ist dein Mann noch immer ein solcher Trottel? Ach, aber wo wir schon einmal über Versicherungssätze sprechen: Meine Versicherung hatte meinen Vertrag gekündigt, und zwar nur, weil ich die Beiträge zu spät gezahlt habe. Dann hatte ich doch neulich diesen Zusammenstoß mit so einem Hohlkopf und dabei fiel auf, dass ich nicht versichert bin. Deswegen musste ich dann eine Strafe zahlen. Und die Schuld an dem Unfall haben Sie mir auch noch gegeben, dabei war ich es gar nicht!«

Jetzt haben Sie eine Vorstellung von den »Keksen« und ihren Sammlern. Diese Menschen kommen zusammen, um ihre Keks-Geschichten auszutauschen und das ist auch schon der Großteil dessen, was ihr gesellschaftliches Leben ausmacht. Wenn Sie einmal Spaß haben wollen, dann treten Sie an die Keks-Besitzer heran und erklären ihnen, wie schön das Leben ist.

Sie können ihnen sogar das Spiel der Schuldzuweisungen und die Philosophie der Keks-Besitzer erklären, doch achten Sie dann darauf, dass Sie sich vorher einen guten Fluchtweg gesucht haben.

Keksbesitzer entscheiden sich – ob sie es zugeben oder nicht – an den Schuldzuweisungen festzuhalten. Ein ansonsten produktives und erfreuliches Leben wird einfach weggeworfen im Austausch für Diskussionen mit dem Tenor: »Tu ich dir nicht leid?« Das ist ein weiterer Teil des Keks-Spiels. Um zu ihrer Gruppe zu gehören, müssen Sie den Willen haben, verständnisvoll zu sein und Anteil zu nehmen. Es ist sogar in Ordnung, den »Keks« von jemand anderem mit einer eigenen, noch unangenehmeren Keks-Geschichte zu übertrumpfen, doch nur, wenn Sie es nicht versäumen, das elende, geplagte Wesen des anderen Keksbesitzers auch zu würdigen.

Eine liebe Freundin von mir ist in einer co-abhängigen Familienkonstellation aufgewachsen. Es handelt sich dabei um eine der Konstellationen, die Melody Beattie in ihren Büchern wie *Die Sucht, gebraucht zu werden* so treffend beschreibt. Solche Beziehungen kennen die meisten von uns, denn während wir aufwuchsen, haben wir viele Bedingungs-Sätze zu hören bekommen. Darunter einige, die etwa so lauten: »Wenn du mich liebtest, würdest du ___ .«, »Hättest du Achtung vor mir, würdest du nicht ___ .«, »Ich habe dies und jenes für dich getan. Ist es denn da zu viel von dir erwartet, ___ ?«, »Wenn ich dir etwas bedeuten würde, dann würdest du ____ .« usw. Die Lücken können Sie beliebig ausfüllen. Beattie stellt einige Kriterien auf, an denen man Co-Abhängigkeit erkennt. »Co-Abhängige sind Menschen, die fortwährend und mit jeder Menge Anstrengung versuchen, Dinge zu erzwingen«, schreibt sie und erläutert weiterhin, dass wir im Namen der Liebe Kontrolle ausüben. Wir tun dies laut Beattie, da wir helfen wollen, da wir glauben, am besten zu wissen, wie die Dinge ablaufen sollten und wie andere sich benehmen sollten. Wir tun es, weil wir uns im Recht fühlen und glauben, dass die anderen im Unrecht seien. Nach Beatties Überzeugung kontrollieren wir, weil wir Angst haben, überhaupt keine Kontrolle zu haben. Wir kontrollieren, weil wir glauben, es tun zu müssen.

Schlussendlich kontrollierten wir vermutlich deshalb – so Beattie –, weil das die Art sei, auf die wir immer gehandelt haben ... Wir handelten unter dem Deckmantel von Freundlichkeit und Nettigkeit und gingen im Verborgenen unseren Angelegen nach – den Angelegenheiten anderer Leute.«

Zwei der gedanklichen Hauptbestandteile bei dieser ganzen Co-Abhängigkeit bestehen laut Beattie darin, »die Konsequenzen, die andere Leute zu tragen haben, für sie zu tragen« und »die Probleme anderer Leute für sie zu lösen«. Mit anderen Worten gibt es eine wirkliche Gegenleistung für das Teilen von »Keksen«, und auch das basiert zumindest teilweise auf co-abhängigen Mustern.

Meine Freundin gab ihr co-abhängiges Verhalten auf und warf alle ihre »Kekse« weg. Sie entschied sich, eigen-mächtig zu werden und machte auf diesem Weg tolle Fortschritte. Wenn man sie ansprach, erklärte sie, dass das Leben wunderbar sei und sie ist heute sehr glücklich. Ihre Schwester, die ihr immer sehr nahestand, hat sich allerdings nicht bewegt. Sie trägt alle »Kekse« mit sich, die sie nur tragen kann und nutzt jede Gelegenheit die sich bietet, um sie mit anderen zu teilen. Trotz sanfter Versuche, im Kopf der Schwester ein Licht anzuschalten, hat meine Freundin den Punkt erreicht, an den viele früher oder später gelangen, die sich weigern, dieses Spiel mitzuspielen. Es ist schwierig, sich zu verändern, wenn diejenigen, die Sie am meisten lieben, an Verhaltensweisen festhalten, die Ihnen Ihre Kraft rauben. Meine Freundin hat entschieden, bei der nächsten Gelegenheit, wenn ihre Schwester wieder mit dem Spiel der Schuldzuweisungen beginnt, etwas zu sagen, das diesem Verhalten ein Ende setzt. Wenn Sie auch damit aufhören könnten, Ihre »Kekse« aufzubewahren und anfangen würden, für alles in Ihrem Leben die Verantwortung zu übernehmen, dann würde sich Ihr Leben beinahe automatisch verbessern. Wenn das beginnt, verlieren Sie jegliches Verlangen danach, ein »Keks-Bewahrer« zu sein.

Spieglein, Spieglein an der Wand – ich verwandle mit dir das ganze Land!

Häufig sind die Menschen, die uns am meisten ärgern, diejenigen, die wir am dringendsten dafür brauchen zu lernen, was wir lernen müssen. Meine Mutter sagte immer: »Gleich und gleich gesellt sich gern.« Nennen Sie es so oder schlicht Anziehungskraft: Wut zieht Wut an, Feindschaft zieht Feindschaft an, Liebe Liebe usw.

Wie schon zuvor erwähnt, bekommen wir tendenziell immer genau das, wogegen wir uns eigentlich wehren. Wenn wir in jemandem etwas sehen, das wir nicht mögen, dann müssen wir aufpassen, denn der andere ist oft nur ein Spiegel unseres Selbst. Was wir an ihm nicht mögen, ist wahrscheinlich eine unserer eigenen schlechten Verhaltensweisen. Wenn wir in diesen Situationen wachsam sind, dann ist es recht einfach, etwas Bemerkenswertes in Gang zu setzen, was unsere eigene Realität wirklich verändert.

Als ich in Las Vegas wohnte, war das örtliche Postamt stets mit Kunden überfüllt. Alle schienen es eilig zu haben und die Angestellten waren äußerst unfreundlich. Oftmals brach zwischen den Kunden und dem Personal heftiger Streit aus. Ich beschloss, ein kleines Experiment zu starten. »Was würde wohl passieren, wenn ich die Leute einfach anlächelte und Licht ausstrahlte?«, überlegte ich. Mindestens zwei Wochen lang gab ich jeden Tag, wenn ich dort anhielt, um meine Post abzuholen, mein Bestes, um auf alle Menschen dort meine guten Gedanken zu richten. Eines Tages, als ich mich in die Reihe des ältesten und nörgeligsten der Postangestellten gestellt hatte, blickte er auf und sagte:

»Guten Tag, Dr. Taylor.« Auf seinem Gesicht und in seiner Stimme lag ein kleines Lächeln. Von diesem Tag an sprach, lächelte, lachte und scherzte jeder der Angestellten in diesem Postamt mit mir. Alles war anders. Sie waren zu den anderen Kunden zwar noch eine Zeit lang schnippisch, doch das Lächeln und das Licht hatten sich ausgezahlt. Binnen weniger Monate waren alle Angestellten dieses Postamts zu jedem warmherzig und freundlich.

Es ist schon erstaunlich, was ein klein wenig bedingungslose Liebe ausrichten kann. Wir sind alle fähig, unseren Freunden und unserer Familie Rat zu geben und sie aufzuheitern, doch wenn es um Fremde geht und vor allem um solche, von denen wir meinen, sie seien unfreundlich, dann ist das etwas ganz anderes. Doch das muss nicht so sein. Es ist nur eine andere Art, gute Taten zu tun.

Noch einmal: Eigenverantwortung bedeutet, die Verantwortung für alles in Ihrem Leben zu übernehmen. Das bedeutet nicht, dass Sie für Ihr Umfeld zuständig sind und alle äußeren Anregungen unter Kontrolle haben, die Ihnen begegnen. Es bedeutet, dass Sie für Ihr eigenes Inneres zuständig sind und dass Sie beginnen, Entscheidungen zu treffen, und zwar richtige Entscheidungen, nämlich gesunde und weise. Das sogenannte Pech wird durch eine andere »Brille« gesehen. In der Tat gibt es eine Geschichte über das Glück, die ich gerne erzähle, weil sie gut zeigt, wie begrenzt unsere Urteile sein können. Um zunächst aber den Rahmen der Geschichte aufzuzeigen, lassen sie mich etwas über mein Lieblings-Country-Lied sagen. In dem Lied »Unanswered Prayers«, also etwa »nicht erhörte Gebete«, geht es um einen jungen Mann, der sich in der Highschool in ein Mädchen verliebt. Nachts betet er, dass sie ihn beachten und seine Liebe erwidern möge. Doch sie heiratet einen anderen Mann und die Jahre vergehen. Er trifft schließlich eine Frau, die sich als die Frau seiner Träume erweist. Ein paar weitere

Jahre vergehen und er erhält eine Einladung zu einem Highschool Klassentreffen. Bei dem Treffen trifft er seine Angebetete, die den anderen geheiratet hatte. Sie ist früh gealtert, gemein und verbittert und auch in anderer Hinsicht völlig unattraktiv. Er schaut seine Frau an und sagt sich: »Gott sei Dank, dass meine Gebete nicht erhört wurden.«

Glück oder Pech, wer weiß das schon?

Hier nun die angekündigte Geschichte:

Zur Zeit des Bürgerkrieges gab es einen alten Rancher, der es sehr schwer im Leben hatte. Seine Frau war bei der Geburt des einzigen Sohnes gestorben und er selbst war durch eine Arthritis leicht gelähmt. Dafür erledigte sein Sohn die meiste Arbeit auf der Ranch. Der Rancher war seinerzeit wirklich ein freundlicher Mann, den jeder in der Stadt mochte.

Eines Tages war der Junge draußen und arbeitete auf dem Feld, als in der Nähe der Maultiere ein Blitz einschlug. Die Maultiere scheuten und das alte Geschirr konnte sie nicht halten. Es zeriss und die Maultiere flohen.

Ohne die Maultiere waren der Rancher und sein Sohn nicht in der Lage, die Ernte einzubringen, und sie kamen wirtschaftlich kaum noch über die Runden. Die ganze Stadt kam voller Mitleid auf sie zu: »Was für ein Pech«, sagten sie. Doch der alte Farmer sagte: »Glück oder Pech, wer weiß das schon?«

Am nächsten Tag kamen die Maultiere zurück zur Ranch gelaufen und hinter ihnen folgte gleich noch eine ganze Herde Wildpferde. Der Farmer und sein Sohn ergriffen die Chance, weil die Pferde viel wert waren. Die Armeen beider Seiten im Bürgerkrieg zahlten viel Geld für Pferde. Sie liefen hinaus und öffneten die Gatter. Als Pferde und Maultiere drinnen waren, schlossen sie die Gatter.

Diesmal kam die ganze Stadt heran, um ihnen zu gratulieren: »Was für ein Glück«, sagten sie. Doch der Farmer sagte nur: »Glück oder Pech, wer weiß das schon?«

Am folgenden Tag ging der Sohn auf die Koppel, um die Pferde einzureiten, denn niemand würde ein Pferd kaufen, das man nicht reiten konnte. Doch das erste Pony, auf das er stieg, bockte und schlug nach allen Seiten aus. Es stieg in Richtung Osten, landete in Richtung Westen und schlug dann rückwärts mit den Hinterhufen aus. Der Junge hatte Glück, dass er nicht ernsthaft verletzt wurde, sondern sich nur einen Arm und das Schlüsselbein brach. Wieder kam die ganze Stadt und alle sagten: »Was für ein Pech.« Der Farmer sagte nur: »Glück oder Pech, wer weiß das schon?«

Gleich am nächsten Tag marschierte die Armee durch die Stadt und zog jeden körperlich tauglichen Mann ein. Den Sohn des Farmers nahmen sie natürlich nicht, weil er Arm und Schlüsselbein gebrochen hatte. Wieder erschien die ganze Stadt und sagte: »Was für ein Glück«. Der alte Rancher sagte einfach: »Glück oder Pech, wer weiß das schon?«

Die Armee zog nach Shiloh. Die Schlacht dort überlebten nur wenige. Man kann einfach nie genau sagen, ob etwas Glück oder Pech ist.

Nur Gott weiß, was ist und was die Zukunft ergeben mag.

Leben und leben lassen heißt leben und in Freiheit leben.

Leben und leben lassen heißt leben und in Freiheit leben

Was als Pech erscheint, ist in Wirklichkeit oft keines. Wenn wir einmal ehrlich sind, haben die meisten von uns momentan alles, was sie brauchen, und der jetzige Moment ist die einzige Gewissheit, die wir haben. Wenn wir uns dafür entscheiden, mit einer Haltung der Dankbarkeit im »Jetzt« zu leben, wenn wir alles, was geschieht, so nehmen wie der Farmer, dann könnten wir glücklicher sein und ein längeres und gesünderes Leben führen. Das ist einfach eine Tatsache. Warum sollte sich irgendjemand etwas anderes wünschen?

Die Menschheit ist einmalig. Wir haben alle die Fähigkeit, über die Zukunft nachzudenken. Was wird morgen sein? Was wird, wenn ____?

(Sie können die Lücke beliebig ausfüllen.) Wir machen uns nur deshalb Sorgen, weil wir zu viele Möglichkeiten in Betracht ziehen. Würden wir sie uns gar nicht erst ausmalen, gäbe es auch keinen Grund zu Sorge und Zweifel.

Bevor wir uns von dem Thema »Im Jetzt zu leben« wieder abwenden, erlauben Sie mir, noch eine Geschichte mit Ihnen zu teilen. Ich habe sie vor Jahren von einem Freund gehört, der nicht wusste, wo sie herkommt. Es geht um einen Zen-Meister, der die Gewohnheit hatte, in der Mittagszeit durch die Gärten zu schreiten und dabei zu meditieren. Eines Tages vertiefte er sich so stark in seine Meditation, dass er weit in den Dschungel hineinging, wo er einen hungrigen Tiger traf. Nun, unser Zen-Meister tat das, was Zen-Meister in solchen Situationen immer tun: Er versuchte, auf die Dringlichkeit des Augenblicks angemessen zu reagieren. Er floh so schnell er konnte, den hungrigen Tiger auf den Fersen. Bald gelangte er an die Kante einer steilen Klippe und da der hungrige Tiger im Begriff war, ihn zu fressen, sprang er vom Rand. Im Fall in die Tiefe griff er nach dem einzigen Gegenstand, der aus der Klippe hervor ragte, und das war ein kleiner Baum. Er hielt sich eine Weile an ihm fest, da hörte er plötzlich von unten ein Brüllen. Nun lauerte ein hungriger Tiger über ihm und unter ihm noch einer. In diesem Augenblick begann der kleine Baum, sich langsam aus dem Erdboden zu lösen. Er schaute nach rechts: Nichts. Er schaute nach oben: Nichts. Er schaute nach links: eine wunderschöne Erdbeere. Er pflückte sie, und es war die beste Frucht, die er in seinem Leben gegessen hatte.

Ich habe diese Geschichte bei vielen Seminaren auf der ganzen Welt erzählt. Manchmal habe ich Dinge hinzugefügt, die vielen durch den Kopf gehen wie: »Oh, ich liebe Erdbeeren, doch ich habe eine Erdbeerallergie«, oder auch, dass wir uns in diesen letzten kostbaren Momenten des »Jetzt« aufreiben; in Panik, Angst und Anklagen wie: »Mein Gott, warum ausgerechnet ich?«

Im »Jetzt« mag es viele teilbare Einheiten geben, aus mathematischer Sicht sind es unendlich viele. Wenn wir im jeweiligen Augenblick leben, können wir so unser Leben voller Achtung genießen. Deshalb lautet die Moral dieser Geschichte: Suchen Sie nach den Erdbeeren.

Nachdem ich diese Geschichte vor Publikum in Malaysia erzählt hatte, kam ein Teilnehmer in der Pause auf mich zu und fragte, ob ich denn die ganze Geschichte kenne. Daraufhin tranken wir zusammen Kaffee und er erzählte die Geschichte, die ursprünglich von Paramahansa Yogananda stammt. Darin heißt es, dass der Zen-Meister, als er mit den Tigern konfrontiert wurde, in der eigentlichen Geschichte an einem kleinen Apfelbaum hing, während drei Mäuse den leichten Erdboden aufwühlten, in dem der Baum verwurzelt war. Der Zen-Meister nahm sich einen Apfel, um ihn als letzten Genuss seines irdischen Daseins zu verspeisen. Dann wechselt die Erzählung zu einem Gemälde in einer Galerie, das genau diese Situation darstellt. Einige Zuschauer betrachten das Kunstwerk, als einer sagt: »Schau nur diesen dummen Typen an. Er geht selbstsüchtig seinem Sinnesvergnügen nach und für seine gefährliche Situation ist er blind.« Dann kehrt die Geschichte zum Zen-Meister zurück. Ein weiterer Tiger erscheint auf der Bildfläche und jetzt stehen zwei Tiger über dem Meister. Er genießt weiter seinen Apfel und schon bald sieht er einige Geier, die über ihm ihre Kreise ziehen. Die beiden Tiger kämpfen gegeneinander und töten sich gegenseitig. Die Mäuse erblicken die Schatten der Vögel und fliehen. Unter dem Zen-Meister kommt eine Herde Rehe heran, um aus dem Bach zu trinken, und der Tiger dort setzt ihnen sofort nach. Kurzum, das, was nach einer schlimmen Situation aussah, hat sich von selbst wieder in Ordnung gebracht oder es wurde von einer Höheren Macht geregelt.

Der wahre Sinn im Leben leitet sich aus dem ab, was Sie geben, nicht aus dem, was Sie nehmen

Vor Jahren kam einmal eine junge Frau zu mir, die Hilfe suchte. Um die Vertraulichkeit zu wahren, werde ich ihr einen anderen Namen geben und sie Mary nennen. Diese junge Frau Ende dreißig blickte auf eine Geschichte von Selbstverstümmelung und suizidalem Verhalten zurück. Sie kam zu mir, weil sie seelsorgerische Beratung suchte und ich willigte ein, dies zu leisten, aber nur wenn ihr Psychiater zustimmte und stets informiert wurde.

Bei ihrer ersten Sitzung einigten wir uns auf die Bedingungen für ihre Therapie. Sie würde zehn Wochen lang einmal wöchentlich zu mir kommen, und sie müsste sich an meine Bedingungen und Anforderungen halten. Sie willigte ein und die Sitzung begann, oder besser gesagt, Mary fing an zu schluchzen und zu klagen. Eine Stunde verging und außer Tränen kam die ganze Zeit fast nichts anderes dabei heraus. Ich konnte nur einige wenige Worte zwischen dem Schluchzen heraushören. »Also dann, bis nächste Woche,« sagte ich zum Abschied.

Ich dachte die ganze Woche über sie nach und beschloss, etwas völlig Neues zu probieren, was zumindest seinerzeit (etwa 1990) neu war. Ich vermutete, dass das übermäßige Weinen einfach ihre Methode sein musste, um Beachtung zu finden, verbunden mit wahren Gefühlen der Verzweiflung. Um aber darüber hinwegzukommen, musste das Weinen erst einmal aufhören. Ich nahm einen Spiegel mit, den ich von einem befreundeten plastischen Chirurgen bekommen hatte und den er, wie nunmehr auch ich, benutzte, um aufzuzeigen, wie ungleich unsere beiden Gesichtshälften sind. Theorien über die Dominanz der jeweiligen Gehirnhälften gingen von einer Analogie aus, deshalb war das auch für meine Forschung und Arbeit interessant.

Als Mary in der folgenden Woche zu ihrer zweiten Sitzung zu mir kam, fing sie wieder an zu weinen. Ich stellte den Spiegel vor ihr auf, erklärte ihr so freundlich wie möglich, dass sie ein wenig die Fassung bewahren müsse, um mir zu helfen, und ich bat sie, sich selbst im Spiegel anzuschauen, während sie weinte, und mich zu informieren, sobald sie aufgehört hatte. Ich verließ das Büro. Schon bald öffnete sie die Tür. Als ich mich wieder setzte, begann sie wieder zu weinen, also ging ich wieder hinaus. Nach drei oder vier Wiederholungen, was zugegebenermaßen mehr als eine halbe Stunde dauerte, hörte sie auf zu schluchzen und fing an zu reden. Ihre Geschichte war die traurige Geschichte eines Kindes, das man gegenüber der kleinen Schwester, die klüger, hübscher usw. war, vernachlässigt hatte. Ihre frühen Beziehungen zu Männern waren genauso traurig, doch sie lagen noch im Bereich dessen, was auch psychisch ausgeglichene Menschen erleben.

Als wir unser Gespräch für diesen Tag beendeten, war klar, dass Mary in all diesem Schlechten verweilte, ihre »Kekse« nur allzu bereitwillig ausgeteilt und dabei vermutlich jedes Mal übertrieben hatte; ansonsten hatte sie sich auf die schlechtest mögliche Zukunftsaussicht fixiert, die in ihrem Fall darin bestand, obdachlos in Las Vegas zu leben.

Ich gab Mary ihre Hausaufgaben, wie es unsere Vereinbarungen vorsahen. Sie musste jemandem einen Gefallen tun, egal wem, aber jeden Tag. Jeden Abend musste sie die gute Tat in ein Berichtsheft eintragen und sich beim Zubettgehen darauf konzentrieren, welches Gefühl sie dabei hatte, den Gefallen zu tun, und sich vorzustellen, wie sich der Empfänger wohl gefühlt haben könnte. Es konnte eine ganz einfache Tat sein, wie jemandem die Tür aufzuhalten, oder auch eine emotional anspruchsvolle, wie einem Kollegen zu helfen, den man nicht mag. Sie musste ihr Berichtsheft jede Woche zu den Gesprächen bei mir mitbringen.

In der folgenden Woche sahen wir die Einträge in ihrem Heft und die dazugehörenden Gedanken und Gefühle durch. Zugegebenermaßen waren einige ihrer ersten guten Taten in der Woche alles andere als stark, doch ein paar boten die Möglichkeit, den Unterschied herauszustellen, welches Gefühl Mary dabei gehabt hatte, einen Gefallen zu tun, als auch das Gefühl, dass sie ihrer Meinung nach gehabt hätte, wenn sie die Empfängerin gewesen wäre. Ihre Hausaufgaben für die übrigen Wochen waren einfach: zwei gute Taten jeden Tag, protokolliert laut den vorherigen Anweisungen.

Marys Sichtweise änderte sich. Ihr Hauptaugenmerk verlagerte sich von negativen auf positive Dinge. Ausgestattet mit einer positiven Einstellung und einem Blick für Anlässe, um Gutes zu tun; unterstützt von dem »wohlig-warmen Gefühl«, das aufkommt, wenn man anderen hilft – so begann Mary ihr Selbstwertgefühl zu stärken und Freude am Leben zu finden. Es dauerte nicht mehr lange und ihre Medikamente wurden erst reduziert und dann ganz abgesetzt. Mary hat eine neue Bestimmung in ihrem Leben gefunden.

Kennen Sie den Sinn Ihres Lebens?

Ich behaupte, dass sich der wirkliche Sinn im Leben aus dem ableitet, was man gibt, und nicht aus dem, was man nimmt. Wie Wayne Dyer in seinem Buch *Mit Absicht* schreibt, hat Bestimmung nichts mit Berufung zu tun, sondern damit, anderen Dienste zu erweisen! Ich glaube, dass das »wohlig-warme Gefühl«, das wir aus einer Erfahrung heraus empfinden, wirklich etwas zum Wohl eines anderen zu tun, jemandem zu helfen, der Hilfe braucht, das beste Gefühl ist, das es gibt, wenn wir abends unseren Kopf aufs Kissen legen. Gerald Jampolsky hat in seinen »Centers for Attitudinal Healing« (Zentren für Heilung über die geistige Einstellung), beobachtet, dass sogar hartnäckiger Schmerz verschwindet, wenn ein Mensch einem anderen Hilfe leistet.[14]

Wir arbeiten nicht, um Nahrung zu finden,
sondern die Wahrheit.
Su Dong-Puo

Ich habe das große Glück, dass mir viele Menschen einfallen, die mir regelmäßig etwas geben. Es gab für mich aber auch eine Zeit, als mein Leben ein regelrechter Trümmerhaufen war. Dabei war ich, den meisten Maßstäben nach zu urteilen, erfolgreich: Ich fuhr tolle Autos, besaß große Häuser, Mieteigentum und eine Ferienwohnung und so weiter, doch mein Privatleben war die reinste Pleite. Ich konnte mir nicht vorstellen, eine persönliche Beziehung zu führen, ohne dass dabei etwas für mich heraussprang. Manche Leute in meinem Umfeld beschuldigten mich, Frauen so oft zu wechseln wie andere Männer ihre Hemden. Mein ganzes Leben definierte sich über Geld und Macht. Von außen betrachtet wirkte ich vielleicht so, als ob ich etwas zu bieten hätte, doch innerlich war ich ein armseliger Nichtsnutz. Ich wurde agnostisch (und das ist noch gelinde ausgedrückt), zynisch, paranoid und konnte nachts kaum noch durchschlafen. Ein Glück für mich, dass sich irgendetwas in meinem Inneren mit Umständen verband, die mir eine andere Möglichkeit aufzeigten: eine Alternative, die mir Zufriedenheit, Ausgeglichenheit, Harmonie und Gesundheit bescherte und sogar das Gefühl, eine gewisse Bestimmung im Leben zu haben.

Übrigens: Als die Hundertjährigen im Rahmen einer Studie untersucht wurden, die die Gründe für ihr langes Leben und ihre Gesundheit ermitteln sollte, erwartete jeder so eine Begründung wie ein »tadelloser Lebenswandel und Selbstverleugnung«. Doch es stellte sich heraus, dass das nicht die Gründe waren. Der Komiker George Burns charakterisierte viele der Hundertjährigen wirklich treffend. Er sagte, sie führten ein Leben ohne Angst, voller Freude und Humor. Sie alle teilten das Gefühl einer Bestimmung im Leben oder das einer Verbindung mit einer Höheren Macht. Der Wert, den solch ein Gefühl von Verbundenheit und Bestimmung hat, kann gar nicht hoch genug geschätzt werden. Bei mir ist es das »wohlig-warme Gefühl«, das diese Verbundenheit aufrechterhält und mir eine Bestimmung verleiht. Es ist ganz gleich, wie wir unseren Lebensunterhalt bestreiten, vorausgesetzt, wir tun es mit Integrität und zum Wohle der anderen. Der ehemalige US-Präsident Woodrow Wilson sagte in diesem Zusammenhang einmal, dass wir nicht hier seien, um so gerade unser Auskommen zu haben, sondern um der Welt zu einem großzügigeren Leben zu verhelfen, mit bedeutenderen Visionen und mit einem exzellenten Sinn für Hoffnung und Erfolg. Und wir seien hier, um die Welt zu bereichern, und wenn wir diesen Auftrag vergäßen, dann würden wir uns selbst arm machen – wie recht er doch hatte.

Doch nun wenden wir uns wieder unseren Gefängnisinsassen im Staatsgefängnis von Utah zu. Um die Schuldzuweisungen aufzulösen und eigenverantwortliche und daher eigenmächtige Menschen hervorzubringen, die den Wut-Angst-Kreislauf verlassen, entschied ich mich für drei Botschaften, die bis heute Bestandteil eines jeden InnerTalk®-Programms sind, das wir veröffentlichen. Es sind die drei folgenden Botschaften:

- Ich vergebe mir.
- Ich vergebe allen anderen.
- Mir wird vergeben.

Wir bezogen auch deshalb Aussagen in der ersten Person (»Ich«- statt »Du«-Sätze) ein, weil die subliminale Information von innen nach außen verarbeitet wird. Sie wird in unserem Bewusstseinsstrom zu unseren eigenen Worten, zu Affirmationen, die dazu bestimmt sind, Selbstwertgefühl und Dankbarkeit aufzubauen. Damals, Mitte der 80er-Jahre, war der Gedanke neu, dass Vergeben einen therapeutischen Wert hat. Seitdem wurden über die Kraft des Vergebens viele Studien, Zeitschriften und Bücher geschrieben.

Doch was geschah nun mit unserer Gefangenengruppe? Das Programm funktionierte. Jeder war von den Ergebnissen beeindruckt. Das Allheilmittel, die Vergebung, zeigte in Verbindung mit allgemeinen Affirmationen zum Wohlbefinden seine Wirkung. Die Beamten im Staatsgefängnis von Utah waren genauso erfreut wie ich und sie legten sofort in all ihren Einrichtungen Bibliotheken mit unseren InnerTalk®-Programmen an. Wenn sie ein zusätzliches Programm für, sagen wir, Gewichtheben benötigten, stellten wir ihnen eins zusammen. Nicht nur, damit die Häftlinge kräftiger wurden, sondern weil jedes einzelne Programm immer auch die Botschaften des Vergebens und Einheiten zur Selbstachtung enthielt. Andere Gefängnisse kopierten das System und bis heute beschäftigen sich viele Häftlinge mit dieser Methode. Und ich? Ich widmete mich meinem neuen Beruf.

Schlussendlich ist es wichtig, dass wir unsere Schuldzuweisungen aufgeben, indem wir vergeben. Wenn es nämlich nichts und niemanden zu beschuldigen gibt, dann sind wir selbst für unsere Reaktion auf Reize von außen verantwortlich. Ohne Schuldzuweisungen bleibt weniger Raum für Wut! Es gibt weniger zu befürchten, wenn man eigenmächtig ist.

Im nächsten Kapitel werden wir uns eingehender mit der Verarbeitung von subliminalen Informationen beschäftigen und mit Fehlinformationen, die darüber kursieren. Und auch wenn sie niemals irgendetwas aus diesem Buch anwenden werden, außer der Lektion des Vergebens, dann wird allein das Ihr Leben zum Besseren wenden – das verspreche ich Ihnen! Damit Sie es als das sehen können, was es wirklich ist, möchte ich ihnen sagen, dass ich auf diesem Weg meine ganz eigenen Offenbarungen erlebt habe. Ich begann damit, Menschen, wie beispielsweise die Häftlinge, psychisch zu heilen. Bald lernte ich etwas, das Gerald Jampolsky in seinem wunderbaren Buch *Was heilt, ist die Liebe* schreibt: »Wir lehren das, was wir lernen wollen.« Ich habe den Wert des Lebens mit der Zeit schätzen gelernt. Allerdings nicht auf einen Schlag, denn die Bestimmung hieß: anderen zu helfen und mich selbst wiederherzustellen, wobei es immer noch viel gibt, das verbesserungswürdig ist. Angesichts dessen, dass Vergeben wirklich so wichtig ist, entschied ich eines Tages, dass unser seinerzeit meistverkaufter Titel *Forgiving and Letting Go* gratis erhältlich sein sollte. Bis heute kostet er nichts und wenn Sie mögen, können Sie Ihr Exemplar auf der Internetseite www.innertalk.de anfordern.

Ein Nein, das aus tiefster Überzeugung kommt,
ist besser und bedeutender als ein Ja,
das bloß gesagt wird, um zu gefallen,
oder schlimmer noch, um Ärger zu vermeiden.
Mahatma Gandhi

7. Kapitel

Der Charakter einer Kontroverse

Als ich mit meinen Recherchen in der Universitätsbibliothek in Utah begann, gab es im Zusammenhang mit dem Konzept der Subliminalen Kommunikation kaum Auseinandersetzungen. In frühen Untersuchungen wurde sogar behauptet, dass der Geist dieser Art von Informationen Priorität gegenüber normal verarbeiteten verbalen Informationen einräumt. Diese Annahme wurde seitdem immer wieder unter Beweis gestellt, vor allem von Kognitionspsychologen, die zu diesem Zweck auf Studien zum expliziten und impliziten bzw. zum Wissens- und Verhaltensgedächtnis zurückgriffen. Bei diesen Versuchen wurden immer Wortpaare gebildet und die Probanden sollten die Paarungen prüfen. Zum Beispiel wurden die Worte *Haus* und *Stuhl* gepaart, sowie *Grün* und *Baum* usw. Eine Teilnehmergruppe betrachtet das Wort bei vollem geistigen Bewusstsein und voller Aufmerksamkeit, sie sehen erst *Haus*, und danach das Wort *Stuhl*. Die andere Gruppe nimmt das Wortpaar unbewusst auf, das heißt, sie sehen zwar das Wort *Stuhl*, doch das Wort *Haus* wird Ihnen subliminal präsentiert. Bei diesen Versuchen stellte sich wiederholt heraus, dass diejenigen, die das zweite Wort subliminal gehört hatten, mehr zueinanderpassende Wortpaare bildeten als die anderen.

Der Vorteil der subliminalen Affirmationen liegt auf der Hand. Ich demonstriere das häufig in Seminaren, indem ich die Teilnehmer frage: »Wer würde gern dieses Jahr eine Million Dollar verdienen?« Alle heben die Hände. Dann weise ich die Zuhörer an, sich selbst mit Überzeugung zu sagen: »Ich werde dieses Jahr eine Million Dollar verdienen!« Binnen weniger Sekunden leuchtet auf den Gesichtern im Publikum ein gewisses Lächeln auf, wenn sie sich wieder auf ihre wahren inneren Überzeugungen besinnen: »Klar doch, und wie wollen Sie das machen? Wollen Sie eine Bank überfallen?« Tatsache ist, dass wir, um wirklich eine Million Dollar zu verdienen, daran glauben müssen, dass wir dazu in der Lage sind. Wäre Bill Gates im Publikum, würde sein Ziel nicht eine Million lauten, denn das wäre für ihn viel zu wenig. Nein, seine Erwartung und seine wahre innere Überzeugung würden ihn eine weit höhere Summe angeben lassen.

Wie werden subliminale Botschaften verarbeitet?

Wenn wir uns sagen, dass wir etwas tun können oder tun werden, wie zum Beispiel abnehmen, dann hat das als solches einen Wert, doch wir schwächen diesen Wert durch unsere wahre innere Überzeugung ab. Unsere innere Überzeugung muss sich verändern, damit Veränderungen eintreten können. Wenn subliminale Information verarbeitet wird, dann tritt sie in unseren Bewusstseinsstrom ein. Sie wird buchstäblich zu unserer eigenen Selbst-Botschaft. Mit der Zeit überwältigt sie viele »Nichts«, »Du darfst nicht«, »Ich kann nicht« und andere Botschaften, die wir auf dem Hühnerhof gelernt haben. Schon bald werden wir an die Botschaft »Ich bin gut!« glauben, statt sie mit Aussagen wie

»Gut worin?« und »Weißt Du noch, wann das war?« infrage zu stellen.

Die Kontroverse

Nach einiger Zeit geriet das Forschungsgebiet der subliminalen Kommunikation in die Kontroverse. Auf der Höhe dieser Auseinandersetzung wurde die berühmte Zivilklage im Zusammenhang mit Judas Priest eingereicht. In dem Fall ging es um zwei Jungen im Teenageralter, die Probleme damit hatten, sich an das Leben anzupassen. Ray und seine Freundin hatten sich gerade getrennt. James hatte seinen Job verloren. Keiner der beiden Jungen war unschuldig an seiner jeweiligen Situation. Beide waren verwirrt. Für die meisten jungen Menschen bringt das Erwachsenwerden schließlich Kämpfe mit sich. Zwei Tage vor Weihnachten schenkte Ray James ein Musik-Album. Diese Musik hatte eine besondere Bedeutung. James hatte früher einmal die Alben von Judas Priest gesammelt, doch als er feststellte, dass diese Musik seinen christlichen Glauben verletzte, warf er alle Platten weg.

Das war einige Jahre her. Inzwischen war James nicht länger Anhänger einer Glaubensrichtung. Er wandte sich von der Religion ab. Viele Menschen tun das an dem einen oder anderen Punkt im Leben.

Am 23. Dezember erhielt James das Album »Stained Class«. Die Jungen beschlossen, es zu hören und Bier zu trinken. Der Text und die Musik des Liedes »Better by you, better than me« interessierte die beiden ganz besonders. Sie hörten es mehrfach an. In verschiedenen Stücken waren Textzeilen, die zum Selbstmord animierten, wie: »Lass dieses Leben mit all seinen Sünden hinter dir, es ist zum Leben nicht geeignet.«

Stellen Sie sich diese beiden jungen Männer einmal vor, attraktiv, eher schmächtig, laut mehreren Beschreibungen ungeschickt, schlecht in der Schule, vor ihnen lag ein Leben voller Schwierigkeiten und eingebildetem, von Frustration motiviertem Größenwahn, in dem sie dann vorgaben, so etwas wie Söldner zu sein oder sich für Helden hielten.

Mitten am Nachmittag gingen ihnen unter anderem Textzeilen wie diese durch den Kopf: »Warum musst du sterben, um ein Held zu sein?« Die beiden schauten einander an, als ob sie in einem Film mitspielten. Kurz bevor die Verstümmelung begann, sagte der eine: »Lass es uns tun!« Der andere sagte: »Tu es!«, und beide begannen zu singen: »Tu es!« Einer packte die Schrotflinte. Sie stiegen aus dem Zimmerfenster und gingen auf den Spielplatz an der Kirche. Ray platzierte die Flinte unter sein Kinn. James sang: »Tu es!« Und Ray feuerte ab. Der Knall betäubte James. Ray war tot. James hob die Waffe auf, die voller Blut war. Später sagte er, er hätte gezittert. Er hatte Angst, er könnte für James' Tod verantwortlich gemacht werden. Er fragte sich, warum sie »Tu es!« gesungen hatten. Er platzierte die Flinte unter seinen eigenen Kiefer und drückte ab.

Doch James hatte die Schrotflinte nicht fest im Griff. Als er abdrückte, rutschte die Waffe nach vorn. Der Schuß riß ihm die Vorderseite des Gesichtes weg, aber er tötete ihn nicht. Der Junge verletzte sich schwer und war entstellt. So lebte er noch fast drei Jahre lang.

Ich wurde vom Anwalt des Klägers, der gegen die Plattenfirma CBS (als Herausgeber) und Judas Priest wegen widerrechtlicher Tötung klagte, gebeten, den Sachverhalt zu prüfen. Ich hatte schon früher als sogenannter Sachverständiger bei Gericht ausgesagt, doch das hat mich nicht einmal ansatzweise auf das vorbereitet, was auf mein Gutachten und meine eidesstattliche Aussage in diesem Fall folgte. Es gab definitiv eine konzertierte Kampagne, die darauf abzielte, Zeugen und Aussagen zu diskreditieren, die erklärten, dass subliminale Informationen nicht nur wahrgenommen werden würden, sondern dass sie auch das Handeln beeinflussten.

Nachdem ich den Fall geprüft hatte, vertrat ich die – wie sich später herausstellte – unpopuläre Position, dass die subliminale Aufforderung »Tu es!« ein ursächlicher Faktor für die zweifache Abgabe der Schüsse war. Hier kommt es mir aber nicht auf die Einzelheiten des Falls an, wichtig ist vielmehr, dass das die Geburtsstunde einer wissenschaftlichen Kontroverse war. Im Vorfeld des Falles haben im Jahr 1984 die Anhörungen vor dem US-Kongress die wichtigste Quelle für die wissenschaftliche Kontroverse geliefert, in der es darum ging, ob eine subliminale Botschaft das Verhalten beeinflussen kann. Lloyd Silverman sagte Ja und Howard Shevrin hatte Zweifel.[15] Im Judas Priest-Fall änderte Shevrin aufgrund von neueren Forschungsergebnissen seine Meinung und stimmte mit mir überein: Das subliminale »Tu es!« war ein ursächlicher Faktor.[16]

Sie werden sich jetzt vielleicht fragen: Worin bestand denn dann die Kontroverse? Es gab eine neue Studie, die ein Marketing-Student erstellt hatte, über die alle Medien berichteten, und ich meine wirklich alle, von der Mädchenzeitschrift *Seventeen* bis zur Hauptnachrichtensendung. Diese Studie stellte angeblich unter Beweis, dass subliminale Botschaften nicht in der Lage waren, Verhalten zu beeinflussen. Ein Psychologe, den ich sehr schätze, hat diese Studie überwacht. Unglücklicherweise leistete die Studie selbst aber nicht das, was die Medien oder Experten, die für CBS Partei ergriffen, behaupteten. Lassen Sie mich die Studie etwas detaillierter vorstellen, damit Sie nachvollziehen können, warum ich das schreibe.

Die Studie war dafür zugeschnitten, den Einfluss zu untersuchen, den Produktaufschriften auf Verbraucher haben.

Um dies zu ermitteln, hat der Doktorand, der die Studie durchführte, bei fünf unterschiedlichen Unternehmen Subliminal-Kassetten erworben. Es gab zwei Arten von Kassetten: Die eine diente dazu, das Gedächtnis zu verbessern und die andere sollte Selbstachtung erzeugen. Die Etiketten auf den Kassetten wurden vertauscht, d.h. die Kassetten zum Thema Selbstachtung wurden als Gedächtnis-Kassetten ausgewiesen und umgekehrt. Bei der Voruntersuchung wurden bei den Teilnehmern jeweils Gedächtnis und Selbstachtung gemessen. Nach der Testphase wurde bei jedem seine tatsächliche Verbesserung erneut gemessen. Die Probanden, die glaubten, sie hätten subliminale Botschaften zum Thema Gedächtnis gehört, berichteten über ein verbessertes Erinnerungsvermögen, während diejenigen, die meinten, es wären Botschaften zur Selbstachtung, ein erhöhtes Selbstwertgefühl wahrnahmen. Mit den gewählten Mitteln wurde keine statistisch signifikante Veränderung gemessen. Es ist an diesem Punkt zwar durchaus zulässig, festzustellen, dass Aufschriften gewissen Einfluss haben, doch welche Wirkung hat in diesem Fall die subliminale Kommunikation wirklich?

Die fünf Herstellerfirmen der Kassetten behaupteten alle, unterschiedliche Methoden und Botschaften bei ihren Kassetten zu verwenden, darunter auch Botschaften in der zweiten und in der ersten Person. Bei akustischen Untersuchungen gelang es nicht, die Botschaften auch nur auf einem Band wieder hörbar zu machen. (Erinnern Sie sich noch an meine forensischen Untersuchungen im akustischen Labor?) Laut einer beeidigten, schriftlichen Erklärung eines Toningenieurs mischte mindestens ein maßgeblicher Hersteller von subliminalen Audio-Programmen Botschaften in einer Stärke von 40 Dezibel unter das Trägergeräusch (Musik oder Meeresgeräusche). Diese 40 Dezibel liegen unterhalb der theoretischen Grenze dessen, was die meisten Abspielgeräte wiedergeben können. Mit anderen Worten könnte man die Signalstärke mit dem Einfluss vergleichen, den ein Flüstern zwei Häuserblocks weiter auf uns hat. Es könnte auch sein, dass die Botschaften aufgrund der *geheimen* Methode, mit der die Tonmischung durchgeführt wurde, nicht wiederhergestellt werden konnten. Andere Unternehmen verwendeten fragwürdige Affirmationen und anderweitig produziertes Material, das von Hersteller zu Hersteller unterschiedlich war. Alle beschrifteten ihre Kassetten zwar mit dem Begriff »subliminal«, doch das bedeutete mit Sicherheit nicht, dass sie alle den gleichen Inhalt hatten.

Lassen Sie mich mit einem Beispiel verdeutlichen, wie wichtig die Unterscheidung der Kassetten ist. Angenommen, ein Wissenschaftler setzt eingeschlossene Luft unter Druck auf 10 Bar über dem atmosphärischen Druck, lädt sie mit einer bestimmten Menge Strom auf und erhitzt das Ganze dann. Um diesen Versuch nachzustellen, müsste ein Wissenschaftler die Eigenschaften der Luft bestimmen, die eingeschlossen war, und das gesamte Verfahren nachstellen, einschließlich der exakten Temperatur und Stromstärke, die angewendet wurde. Stellen Sie sich jetzt einmal vor, dass jemand diesen Versuch nachstellt, indem er Raumluft in einem Goldfischglas einfängt und es mit Frischhaltefolie abdeckt, um die Luft einzuschließen. Dann stellt er eine 9-Volt-Batterie in das Glas hinein und erhitzt das Ganze mit einem Feuerzeug. Das kann wohl kaum der gleiche Versuch sein. Von daher haben wir es nicht mit einer wissenschaftlichen Studie zu tun, die auf einer einzigen Variablen beruht. Wir vermischen verschiedene Variablen miteinander und schließen auf ein einziges Ergebnis – das ist einfach keine seriöse Wissenschaft! Dennoch war die Studie in allen Medien präsent und diejenigen, die für die Firma CBS und Judas Priest ausgesagt haben, trugen sie vor sich her, als ob sie der Heilige Gral wäre.

Der langen Rede kurzer Sinn läuft auf einige wenige Fakten hinaus. Die Band Judas Priest gab zu, subliminale Inhalte in manche ihrer Aufnahmen gemischt zu haben, aber nicht in das fragliche Lied. Als das Vorhandensein der Botschaften als erwiesen galt, brachte man als Gegenargument vor, dass es sich um einen »klanglichen Zufall« handele. Das Gericht verhängte gegen die CBS wegen Behinderung der Ermittlungen im Verfahren und wegen Manipulation der Presse gleich mehrere Geldbußen. Die Firma CBS Records hatte selbst bekannt gegeben, dass die Jungen: »Tu es, tu es!«, gesungen hatten. Der hausinterne Ermittler der CBS, früher ein Scotland-Yard-Beamter, erklärte, dass er nicht in der Lage war, die ursprüngliche 24-spurige Masteraufnahme aufzufinden, und dass er nie die Erlaubnis erhalten hatte, den Tresorraum von CBS zu betreten, obwohl die Masteraufnahme erforderlich war, um nachzuweisen, dass es sich nicht um einen »klanglichen Zufall« handelte. In einem Verfahren um widerrechtliche Tötung muss ein Vorsatz nachgewiesen werden. Hier handelte es sich nicht um eine Produkthaftungsklage, wie sie etwa im Fall von defekten Bremsen in einem Auto erhoben werden könnte. Der Beweis dafür, dass subliminale Botschaften das Verhalten beeinflussen, wurde selbst von einigen der erklärtesten Kritiker akzeptiert.

Die große Aufmerksamkeit der Presse und der manipulierten Medien lieferte den Anlass für die wirkliche wissenschaftliche Kontroverse. Seitdem wurde die Macht subliminaler Botschaften, das Verhalten zu beeinflussen, sogar von Personen eingeräumt, die zuvor die Position von CBS am offensten verteidigt hatten. Sogar der *Sceptical Inquirer*, eine Wissenschaftszeitschrift, die eine lange Tradition darin hat, Dinge als falsch zu entlarven – und zwar zu Recht, wie sich oft später herausstellt –, ließ Beweise dafür gelten, dass subliminale Reize Verhaltensänderungen herbeiführen.[17] In diesem Zusammenhang veröffentlichte die Zeitschrift eine Reihe wissenschaftlicher Artikel, die angeblich den subliminalen Einfluss während und infolge des Judas-Priest-Verfahrens entlarvten. Die eindeutige Arbeit von Robert Bornstein und sein meta-analytischer Ansatz zeigen deutlich, dass eine auf geeignete Weise (in Signalstärke) übermittelte psychoaktive Botschaft (Affirmation) das Verhalten beeinflussen kann und es auch tut.[18] Tatsache ist, wie mir Robert Bornstein in einem Telefonat dargelegt hat, dass die Wirkung von subliminalen Reizen auf Menschen und ihr Verhalten in der Literatur so offen eingeräumt wird, dass man sich fragt, woher wohl die vielen Personen kommen, die das in den letzten zehn Jahren geleugnet haben.

Der InnerTalk® wurde in mehr als einem Dutzend Doppelblind-Versuchen von unabhängigen Wissenschaftlern an führenden Institutionen weltweit erforscht. In den Versuchen wurde die Wirkung des Programms bei Symptomen von Aufmerksamkeitsstörungen mit bzw. ohne Hyperaktivität (AD[H]S), bis hin zu Depressionen untersucht. Das zugrunde liegende Modell der Wahrnehmung ist einfach und wurde von Albert Ellis entwickelt.[19]

Es nennt sich das A-B-C-Modell und sieht bildlich dargestellt folgendermaßen aus:

A ⟶	B ⟶	C
(aktivierendes Ereignis)	(Überzeugung)	(Folge: Emotion, Verhalten)

Ein aktivierendes Ereignis, also ein Reiz oder eine verbale Affirmation, wirkt auf die Überzeugung des Einzelnen ein und löst so eine Emotion oder ein bestimmtes Verhalten aus. Dieser recht lineare Ablauf ist besonders leicht zu begreifen, wenn wir uns vorstellen, wie negative Informationen im Leben auf uns wirken; positive Informationen verarbeiten wir mehr oder weniger genauso. Ellis prägte für negative Selbst-Botschaften einen Begriff, der ANTS lautet: Automatic Negative Thoughts, also automatische negative Gedanken. Ich mag den Ausdruck ANTS, auf Deutsch Ameisen, weil man es sich so gut vorstellen kann, wie Ameisen ihre Gedanken aus dem Bereich des Positiven hinabziehen und ins Negative transportieren. Wenn die Ameisen ihnen das nächste Mal auf die Nerven fallen, können Sie ja einmal so reagieren wie ich. Stellen Sie sich einfach einen kleinen Köder für die Ameisen vor und lassen Sie sie davon fressen. Gehen Sie ruhig einfach einem negativen Gedanken nach und denken in etwa: »Und was dann?« Früher oder später werden diese »Was dann?«s ihre Macht verlieren. Selbst ein »Und dann stirbst du« ist nicht so bedrohlich, wenn wir uns darauf besinnen, dass wir selbst eine Schöpfung des Göttlichen sind – doch zurück zu unserer Geschichte.

Während des Judas-Priest-Verfahrens fragte man mich, ob ich schon einmal eine Studie durchgeführt hätte, die ermittelte, ob sich ein Mensch umbringen würde, weil er eine bestimmte subliminale Botschaft gehört hatte. Meine Antwort konnte nur lauten: »Natürlich nicht.« Kein mir bekannter Wissenschaftler würde auch nur daran denken, so etwas zu tun – das hoffe ich zumindest. Dann hatte ich eine Idee. Was wohl geschehen würde, wenn man jemandem eine subliminale Botschaft von Gefahr übermittelte?

Wir arrangierten eine Pilotstudie. Meine Tochter Hillarie, die in einem Wissenschaftsprojekt für die Highschool mitarbeitete, akzeptierte meinen Vorschlag, erhielt angemessene Anweisungen und holte das Einverständnis von allen Beteiligten ein.

Die Gruppe A hörte Meeresgeräusche mit drei subliminalen Informationseinheiten, die den Testpersonen jeweils im Abstand von einer Minute präsentiert wurden. Die Botschaften lauteten: »GEFAHR, GEFAHR, PASS AUF! – AH-H-H-H! –

GEFAHR!« Wir hatten diese Botschaften elektronisch aufgezeichnet und gleichzeitig vorwärts und in Rückwärtssprache eingespielt. Gruppe B hörte die gleiche Aufnahme des Meeresrauschens und dazu die Botschaft »Menschen gehen«.

Beide Gruppen hörten sich die Kassetten vier Minuten lang über Kopfhörer an und ihre Körperfunktionen wurden dabei überwacht. Gemessen wurden Veränderungen der Atemfrequenz, des Blutdrucks, des elektrischen Widerstandes der Haut sowie der Feuchtigkeit zwischen ihren Fingern. Die Reaktionen zeichnete ein Polygraf mit vier Nadeln auf, der gleiche Apparat, der als Lügendetektor benutzt wird.

Nach dem vierminütigen Versuch füllte jeder Teilnehmer einen Fragebogen aus, auf dem auch die Frage gestellt wurde, ob ihm oder ihr während des Versuches bestimmte Träume, Gefühle oder Gedanken gekommen seien. Erst danach deckte der zuständige Test-Assistent auf, welcher Gruppe der Teilnehmer angehörte und teilte ihm das mit.

Bei allen fünf Teilnehmern aus Gruppe A waren bei der Messung der Körperfunktionen grobstoffliche Reaktionen oder Veränderungen eingetreten, die zu dem Empfang der subliminalen Botschaft »Gefahr« passten. Bei den Testpersonen in Gruppe B traten solche Reaktionen nicht auf. Das legt nahe, dass die Teilnehmer den Gefahren-Reiz erkannt hatten. Die Körper der Probanden aus Gruppe A reagierten so, als ob sie wirklich in Gefahr gewesen wären. Ihr Geist reagierte auch so. Drei von fünf Teilnehmern der Gruppe A berichteten von Tagträumen, die vom Töten oder vom Sterben handelten. Eine vierte Person gab an, sie hätte sich extrem beunruhigt gefühlt. Die fünfte Person sagte, sie sei zu stark von dem, was die Tester taten, abgelenkt worden, um sich ihre Gedanken zu merken. (Die Tester hatten fast gar nichts getan.) Die psychologische Theorie unterscheidet verschiedene Kategorien von imaginären Bildern. Die Kampf-

bzw. Fluchtreaktion, mit der wir auf Gefahren reagieren, kann durchaus fesselnde Fantasiebilder erzeugen.

Wenn ein Mensch sich bedroht fühlt, löst die Kampf- bzw. Fluchtreaktion Gedanken dieser Art aus. Töten ist ein kampforientierter Gedanke und der Tod ist ein fluchtorientierter Gedanke. Viele Menschen schalten in ihrer Fantasie die Angst aus, auch wenn das bedeutet, zu töten. Andererseits bedeutet das Sterben für viele Menschen so viel wie Entkommen. Von fünf normalen, gesunden Teenagern dachten vier daran, zu töten oder zu sterben. Der fünfte blendete anscheinend alles aus. Und das lag nur daran, dass sie in einem angenehmen, nüchternen Zustand ein einziges Mal ein paar Minuten lang einige wenige Wiederholungen einer einzigen, einfachen, subliminalen Botschaft gehört hatten.

Diejenigen, die die Botschaft »Menschen gehen« gehört hatten, hatten Träume wie: »Ich befand mich an einem sonnigen Strand, an dem viele Menschen waren«.

Ich habe diese Studie mit allem nötigen Begleitmaterial, einschließlich der Tondateien zum Herunterladen, zusammen mit der Bitte um wissenschaftliche Stellungnahmen auf folgende Internetseite gestellt: www.progressiveawareness.org. Es gibt niemanden, der bei der Durchführung dieser Studie zu anderen Ergebnissen kam als wir.

Heute wird die Wissenschaft der subliminalen Botschaften von vielen zwar immer noch aufgebauscht, aber kaum verstanden, dabei handelt es sich um eine genaue Wissenschaft, die zuverlässige Leistungen vorweist. Sie kann tatsächlich Menschen dabei helfen, ihre Zweifel, Ängste und Negativinformationen zu überwinden, die ansonsten nur allzu häufig dazu führen, dass sich der Mensch selbst Begrenzungen auferlegt.

Der Einfluss, den Medien auf unsere Gedanken und Handlungen haben, verdient es, dass wir uns noch einen Moment mit ihm befassen. Jahrelang war es mein »Lieblingsärgernis«, wie Krankheit buchstäblich verkauft wird. Zum Beispiel machen uns die Medien, hauptsächlich das Fernsehen weis, dass der furchterregende »Gomboo«, ein schreckliches, aber imaginäres Krankheitsmonster in unsere Stadt kommt. Wir erfahren auch, dass wir es uns wahrscheinlich »einfangen« werden, so als ob wir die Straße entlanglaufen und uns aktiv eine Erkältung einfangen würden (beachten sie bitte die Wortwahl). Doch das macht nichts, denn es gibt ja ein Heilmittel, und wenn wir das nehmen, werden wir, wie die Darsteller in der Fernsehwerbung, im Bett verhätschelt.

Darüber hinaus werden uns viele tolle Autos mit schönen Menschen darin vorgeführt, so, als ob wir, wenn wir etwas Schönes im Leben haben oder sexy usw. sein wollen, dieses Produkt benötigten, um das zu erreichen. Die meisten von uns sind sich dieser Art Werbung bewusst, sie kann uns aber trotzdem beeinflussen.

Es gibt allgemeine Kategorien, die für die Definition von subliminaler Kommunikation durch jedes Medium gelten. Wolman grenzt die Kategorien folgendermaßen voneinander ab:[20]

Wolmans Kategorien

Professor Benjamin B. Wolmans modifizierte Kategorisierung schreibt den subliminalen Reizen vier deskriptive Werte zu, mit denen man sie in dem Bereich zwischen dem Bewussten und dem Unbewussten einordnen kann. Die Reize sind folgende:

1. Unterhalb der Schwelle der Wahrnehmung
2. Oberhalb der Schwelle der Wahrnehmung, aber unterhalb der Schwelle des Erkennens

3. Oberhalb der Schwelle des Erkennens und der Unterscheidung, aber unterhalb der Schwelle der Identifikation
4. Aufgrund von Abwehrverhalten unterhalb der Schwelle der Identifikation

Wenn man die Kategorien von Wolman zugrunde legt, fällt die Methode unseres patentierten InnerTalk®-Programms in die Kategorie 3.

Eingebettete Details, wie die in unserer bereits erörterten Getränkewerbung, können sehr wohl auch in die vierte Kategorie passen. Botschaften wie die von Judas Priest fallen generell in die Kategorie drei. Eine subliminale Botschaft der Kategorie zwei könnte so eine sein, wie die Popcorn- und Cola-Botschaft in dem berüchtigten Kino-Fall in New Jersey. Eine Botschaft der ersten Kategorie wäre eine, die bei 40 Dezibel unter die Musik gemischt wird, die auf einer Stereoanlage mit einer Dezibel-Begrenzung von 30 Dezibel abgespielt wird.

Im nächsten Kapitel werden wir uns mit der Natur des Geistes beschäftigen und mit anderen, auch sogenannten paranormalen Einflüssen, die sich darauf auswirken, wie sich der Zustand des Menschseins insgesamt gestaltet.

Alles, was ich gesehen habe, lehrt mich, dem Schöpfer für all das zu vertrauen, was ich nicht gesehen habe.

Ralph Waldo Emerson

8. Kapitel

Der Geist ist kein lokales Ereignis

Der Geist, das Bewusstsein – was meinen wir damit, wenn wir diese Worte benutzen? Dr. Bruce Lipton erzählte mir früher einmal von einem Versuch, bei dem man mit einem Spatel sich teilende Zellen von der Zunge gekratzt hat; die eine Hälfte verblieb in einer Petrischale im Labor, die andere Hälfte wurde 8 Kilometer weit weg gebracht. Auf ein Stichwort versetzte jemand den Zellen im Labor mit Schwachstrom einen Elektroschock. Die Zellen in 8 Kilometer Entfernung reagierten genau so, als ob sie an der Stelle der Zellen in der Schale im Labor wären. Gibt es ein Zellbewusstsein? In der Tat haben Zellen laut Liptons Buch *Intelligente Zellen* nicht nur ein Bewusstsein, sondern sie reagieren auch auf Gedanken und Überzeugungen – und zu dem »sie« zählt auch die DNA. Überzeugungen können die DNA gewissermaßen »einschalten«, oder nach den Worten von Dr. Ernest Lawrence Rossi: »Der Geist steuert den Körper und der steuert wiederum den genetischen Code.« Die Auswirkungen, die das hat, führen Rossi zu der Schlussfolgerung: »Die Dynamik der Genexpression* und die Plastizität des Ge-

* Gen-Expression ist die Realisierung der Information, die in der DNA eines Gens gespeichert ist. Wenn ein Gen aktiv ist und sein Protein oder mRNA produziert, wird es »exprimiert«.

hirns* können im zeitlichen Rahmen einer typischen psychotherapeutischen Sitzung in Gang gesetzt werden.«

»Der Geist steuert den Körper und der steuert wiederum das Genom.«

Cleve Baxter wurde über Nacht berühmt, und zwar nicht dank der von ihm entwickelten Schule der Lügendetektion oder dank seiner besonderen Ausführung eines Polygrafen, sondern für seine Pflanzen. Die Zeitungen titelten: »Lassen Sie Ihre Pflanzen sprechen.« Cleve hat die Drähte der Lesevorrichtung für die Messung des elektrischen Hautwiderstandes eines Lügendetektors an den Blättern einer Zimmerpflanze, eines Philodendrons angebracht. Dann gingen drei Versuchspersonen durch den Raum, dabei schauten sie zuerst einen Goldfisch in einem Glas an, das nicht weit von der Pflanze stand, dann einen Bunsenbrenner, der Wasser erhitzte und schließlich die Pflanze selbst. Dieselben Testpersonen gingen ein zweites Mal durch den Raum, doch diesmal nahm der letzte den Goldfisch und warf ihn in das kochende Wasser. Die Pflanze reagiert so, als ob sie sich dessen, was da geschah, bewusst und sogar schockiert darüber wäre. In einem Geniestreich vertauschte Cleve dann die Reihenfolge, in der die Teilnehmer den Raum betraten. Jedes Mal, wenn derjenige, der »den Fisch gekocht« hatte, eintrat, reagierte die Pflanze entsprechend. Anscheinend erkannte die Pflanze den Täter, womöglich voller Angst. Was meinen Sie dazu?

Neuerdings gibt es wieder ein enormes Interesse an der Erforschung des Bewusstseins. Jahrelang war das Thema in der Wissenschaft einfach deshalb tabu, weil man es für in sich unüberprüfbar hielt. Das heißt: Ihr Bewusstsein und

* Die Fähigkeiten des Gehirns, neue Verknüpfungen herzustellen, wie z. B. Kinder es in ihrer Entwicklung tun oder etwa Unfallopfer, die das Gehen, Sprechen o. ä. neu erlernen müssen.

mein Bewusstsein sind jeweils ausschließlich subjektiv. In der Wissenschaft geht es aber um objektive und überprüfbare Untersuchungen. Darauf ist die wissenschaftliche Methodik tatsächlich angewiesen. Doch heute, und das liegt teilweise an der Forschung, die sich mit künstlicher Intelligenz beschäftigt, wird das Bewusstsein wieder intensiver untersucht.

Doch was ist das Bewusstsein? Oft wird die Sprache als Werkzeug des Bewusstseins bezeichnet und als Beweis für die Art Bewusstsein genannt, die den Menschen vom Affen unterscheidet. Tatsächlich wurde die Sprache oft als das »Juwel des Erkennens« oder der Wahrnehmung bezeichnet. Manche Wissenschaftler haben behauptet, dass die Neandertaler über eine entwickelte Sprachfähigkeit verfügten. Diese Annahme basiert im Wesentlichen auf einem Nackenknochen, der 1988 gefunden wurde.[21] Andere Wissenschaftler argumentieren, dass der Ursprung der Sprache neueren Datums sei, neuer bedeutet hier, vor 50 000 bis 100 000 Jahren. Wieder andere Theoretiker, die von einem früheren Ursprung ausgehen, datieren den Beginn der Sprache mehr als 2 Millionen Jahre zurück.

Was ist das Bewusstsein?

Die Evolution und Geschichte der Sprache hat auch Auswirkungen auf bestimmte philosophische Themen, in denen das Bewusstsein eine Rolle spielt. Gehen wir zum Beispiel einfach mal von einem bestimmten Datum für das erste Auftreten von Sprache aus. Stellen wir uns einfach aus Spaß ein beliebiges, haariges, zweibeiniges Geschöpf vor, das noch nie zuvor gesprochen hat. Hat dieses Geschöpf ein Bewusstsein? Eines wie Menschen es haben? Eines Tages bringt das Geschöpf nun irgendeine sinnvolle Form der Rede hervor.

Nicht nur ein Grunzen oder einen Kehllaut, wie es alle Tiere tun, sondern irgendeine Art – und damit den Anfang – von Sprache. Ist dieses Geschöpf damit zugleich bewusst?

Wo liegt der Unterschied zwischen dem Bewusstsein von Tieren und dem von Menschen? Was wird damit bezweckt, diese beiden Formen von Bewusstsein zu unterscheiden und warum tun wir das überhaupt? Wenn eine Spezies von Primaten sich als fähig erweist, zu lernen, sich zu erinnern und sie lernt, Gedankenverbindungen herzustellen, dann ist das ein Beweis für Vernunft. Die meisten weigern sich aber schlicht, das als solches anzuerkennen. Könnte es sein, dass das menschliche Bewusstsein dadurch, dass man es für erforschungswürdig und -reif erachtet, seinen einmaligen, herausragenden Status verliert? Was versteht man überhaupt genau unter Bewusstsein?

Gewiss ging die Vernunft der Sprache voran. Es wäre schon sehr merkwürdig, wenn dies andersherum sein sollte. Obgleich das ein interessanter Gedanke ist.

Einige scheinen aber nur mit den Mitteln ihrer Sprache vernünftig zu argumentieren. Die Regeln und Definitionen ihrer Sprache setzen also ihrer Vernunft Grenzen. Obendrein gibt es eine Kontroverse, in der manche die Meinung vertreten, dass bestimmte Sprachstrukturen besser und andere schlechter dafür geeignet sind, logisches Denken zu entwickeln. Literarische Sprachen, wie zum Beispiel Deutsch, haben die Tendenz, die Entwicklung logischer Denker zu fördern. Wie verblüffend dies auch sein mag, es erscheint dennoch plausibel, dass die Vernunft der Bildung von Begrifflichkeiten und der Entwicklung von Sprache voranging. Von daher bleibt einem kaum etwas anderes übrig, als das Bewusstsein einer Spezies auf die Grundlage von Klanggebilden zu begrenzen, die sich Sprache nennen.

Es wird aber noch schwieriger. Auch sogenannte unbewusste Tiere wie Wale und Delfine bringen klangliche Gebilde hervor, die der Sprache ähneln. Was bedeutet also Bewusstsein?

Ist das Bewusstsein eine Frage von Wachsamkeit? Nein, das allein kann es nicht sein, denn man kann ein bewusstes Wesen sein und trotzdem zur gleichen Zeit schlafen. Ist Bewusstsein Erinnerung? Laut den Versuchen von Cleve Baxter können sich auch Pflanzen erinnern. Seit die Wissenschaft es vor Jahren aufgegeben hat, das Bewusstsein zu erforschen, haben die Probleme, die der Beschreibung des Bewusstseins innewohnen, stark zugenommen. Das Aufkommen von Tier- und Pflanzenstudien und die synthetische oder künstliche Intelligenz haben das Thema Bewusstsein stark verkompliziert. Vielleicht haben sie es aber auch vereinfacht.

Die meisten Menschen gehen davon aus, dass die linke Gehirnhälfte für die Sprache zuständig ist. Untersuchungen der Gehirnhälften, darunter auch die mit der heute beliebten PET-Tomografie* erstellten Aufnahmen, zeigen, dass das rechte Ohr akustische Informationen an die linke Gehirnhälfte sendet. Laut Marc Hauser von der Harvard University und Karin Andersson vom Radcliff College in Cambridge »weisen Rhesus-Affen einen ähnlichen Gehirn-Aufbau auf, wobei die linke Gehirnhälfte häufig die Verantwortung für die Bildung von Tönen übernimmt, die Aggression signalisieren.«[22] Wenn das zutrifft, bedeutet das dann, dass der anatomische Beweis für Sprachverarbeitung auch der Beweis für ein Bewusstsein in dem Sinne ist, wie wir uns das menschliche Bewusstsein normalerweise vorstellen? Wenn nicht, wo liegen dann die Unterschiede?

---

* Die Positronen-Emissions-Tomografie (PET) ist ein nuklearmedizinisches Verfahren, mit dem Querschnittsbilder von lebenden Organismen oder Organen erstellt werden. Sie werden mithilfe eines schwach radioaktiven Kontrastmittels (Radiopharmakon) sichtbar gemacht, um biochemische und physiologische Vorgänge abzubilden.

Einige sehen *Geist* und *Gehirn* als dasselbe an. Doch für viele ist der *Geist* ein allgemeinerer Begriff, der sich auf verschiedene Vorgänge bezieht, die sich im Gehirn abspielen. Von daher wird *Geist* auf dieselbe Weise benutzt, wie der Begriff *Bewusstsein*, was die Begriffe austauschbar macht. Ist der Geist nun dasselbe wie das Gehirn? Das Hauptforschungsgebiet, das auf dem einen oder anderen Wege Beweise erbringt, um diese Frage zu beantworten, ist eine Disziplin, die meist kein hohes Ansehen genießt. Dabei demonstrieren buchstäblich Tausende von Versuchen der wissenschaftlichen Parapsychologie, dass sich viele Aspekte des Geistes nicht auf die Anatomie oder das Gewebe des Gehirns reduzieren lassen.

Es gibt zum Beispiel Daten, die den Gehalt an »Wirklichkeit« von Telepathie, Hellsichtigkeit und Psychokinese klar stützen. Obwohl sie umstritten sind, erklären neue russische DNA-Forschungen diese Phänomene (Hellsichtigkeit, Intuition, Spontanheilung etc.) weitgehend und gehen davon aus, dass auch Worte und Frequenzen die DNA beeinflussen können, womit sie gar nicht so weit von der Behauptung von Rossi entfernt sind.[23] Auf der Grundlage einer Zusammenarbeit von Genetikern und Sprachwissenschaftlern kommen die russischen Wissenschaftler zu der Vermutung, dass die Alkalien in der nichtkodierten, sogenannten unnützen oder »junk«-DNA ähnlichen Regeln folgen, wie Sprachen es tun. Obendrein funktionieren laut Pjotr Garjajev »lebende Chromosomen genau wie ein holografischer Computer, der mit der Laserstrahlung von endogener DNA arbeitet.«[24] Das heißt ganz einfach, wie auch McTaggart in ihrem Buch *Das Nullpunkt-Feld* berichtet, dass man die DNA-Informationen theoretisch selbst beeinflussen könnte, wenn man die DNA auf einer bestimmten Frequenz in Schwingung versetzen würde.[25]

Die Biografien von einigen der weltweit am höchsten angesehenen Menschen bieten hierzu ein aussagekräftigeres Bild als die Wissenschaft. In allen geschichtlichen Epochen haben berühmte Menschen eindrückliche Berichte über ihre Erfahrungen mit sogenannten paranormalen Phänomenen geliefert. Überall auf der Welt gibt es zahlreiche Berichte über paranormale Dinge. Ganz gleich, ob es aus dem Genie von Einstein stammt oder im Labor eines modernen Parapsychologen geäußert wird: Geist und Gehirn sind nicht ein und dasselbe! Was bedeutet das mit Blick auf das Bewusstsein?

Bei einer wunderbaren Episode von *Raumschiff Enterprise*, an die ich mich gut erinnere, hat die *Enterprise* ihr eigenständiges Bewusstsein gebildet und eine neue Lebensform erschaffen. Irgendwie sind nach der Erklärung von Mr. Data Computer und Aufnahmegeräte des Raumschiffes zu Tätigkeiten übergegangen, die aus mehr bestehen, als aus »der Summe ihrer Teile«, denn sie hätten ein neurales Netzwerk geschaffen usw. Diese Science-Fiction-Situation wirft die Frage auf, ob Maschinen jemals ein Bewusstsein haben werden.

Die Schlagzeile einer Ausgabe der *Science News* lautete einmal: »Simulierte Geschöpfe entwickeln sich und lernen.« Der Artikel von Richard Lipkin zitierte die Arbeit von Karl Sims bei der Computerfirma »Thinking Machines« in Cambridge, Massachusetts. Er hat »ein simuliertes Evolutionssystem entworfen, in dem virtuelle Geschöpfe in einer dreidimensionalen Arena miteinander um Ressourcen konkurrieren ... Diese Geschöpfe, die Robotern aus Bauklötzen ähneln, treten gegeneinander in Zweikämpfen an, in denen sie um die Kontrolle über einen begehrten Gegenstand streiten – einen weiteren Bauklotz. Die Gewinne, die man für fit hält, vermehren sich, während die Verlierer keinen Sprössling erhalten werden. Sims hat die virtuelle Umgebung mit physikalischen Parametern wie Schwerkraft und Reibung versehen und die Verhaltensweisen auf plausible physikalische Handlungen beschränkt.«[26] Sims glaubt, dass es womöglich einfacher ist, virtuelle Wesen so ähnlich wie per Evolution zu entwickeln, als sie von Grund auf neu zu erschaffen. Wissenschaftler, die die künstliche Intelligenz erforschen, haben sich lange darum bemüht, sogenannte Denkmaschinen zu entwickeln. Anders als Sims fangen die meisten aber damit an, einen Computer nach menschlichem Vorbild zu gestalten. Einige nehmen dabei das Nervensystem des menschlichen Gehirns als Vorbild, während andere das Modell des induktiven und deduktiven Denkens zugrunde legen. Vielleicht passt Sims' Methode besser zum Menschen als die anderen. Schließlich nimmt man an, dass sich die Menschheit durch Evolution entwickelt hat. Doch hilft uns das dabei, das Bewusstsein zu verstehen? Wie sieht es denn mit dem kollektiven Bewusstsein aus? Wird eine Maschine je träumen können?

In seiner »Genie-Hypothese«, behauptet Ervin Laszlo[27], dass sich der Geist von »außergewöhnlich kreativen Menschen in spontaner und direkter – aber meist nicht in bewusster – Interaktion mit dem Geist von anderen befindet, die ebenfalls an dem kreativen Prozess mitwirken.« Laszlos Papier wirft Licht auf die »archetypische Erfahrung«, die Carl G. Jung mit Rückgriff auf Geschichte, Physik, Psychologie, künstlerisches Schaffen und kulturelle Entwicklung beschrieben hat. Dabei geht er klar und deutlich von der wahrscheinlichen (und meiner Meinung nach der einzig richtigen) Möglichkeit aus, dass der Geist eines Individuums nicht nur mit dem Geist von anderen kommuniziert, sondern dass dies auch über Entfernungen hinweg geschieht.

Handelt es sich bei der kollektiven oder gemeinsamen Erfahrung von Bewusstsein um eine unabhängige Erfahrung? Ist es möglich, dass einzelne (individuelle) Einheiten von Bewusstsein als Sender und Empfänger fungieren, dass es sich jedoch bei dem Bewusstsein insgesamt um ein kollektives handelt? Hat das kollektive Bewusstsein einen Plan oder einen Willen? Träumt es? Oder ist es nur ein Aufbewahrungsort? Hat es ein Netz von Nervenbahnen oder etwas Ähnliches, das wir als nicht-räumliches Feld verstehen können? Es ist doch nicht organisch oder aus Silikon, oder etwa doch?

Vielleicht hat das Bewusstsein auch etwas damit zu tun, sich über das Bewusstsein bewusst zu sein. Ist es Affen wirklich bewusst, dass sie ein Bewusstsein haben? Könnten sie jemals die Vorstellung eines Bewusstseins aufrechterhalten, ohne sich dabei auf ein Objekt zu beziehen oder Mitwirkender im Traum eines anderen zu sein? Fragt sich ein Affe, ob er wirklich existiert?

Ist dies die richtige Richtung, um unseren Fragen nach dem Bewusstsein nachzugehen? Wenn wir das tun, werden wir dann schlussendlich nicht gezwungen sein, eine gewisse Art von Degeneration einzuräumen? Gibt es nicht alles in allem so viele *Homo sapiens* auf der Erde, dass es uns sprichwörtlich piepegal ist, wer sie sind und woher sie kommen? Wie viele dieser Menschen stellen sich eigentlich die Frage: »Existiere ich wirklich?« Ob sich auch der Stoff Silikon die Frage stellt: »Wer bin ich?« Die Japaner haben schon eine »Darwin-Maschine« gebaut. In ihr arbeitet das künstliche Gehirn mit einem neuronalen Netzwerk, das sich immer weiterentwickelt. Hugo de Garis erklärte, dass es das Ziel des Ganzen sei, ein Silikon-Gehirn mit mehr als einer Milliarde künstlichen Neuronen herzustellen.

Die Wissenschaftszeitschrift *Science News* schrieb, dass diese Maschine »die Form eines neuronalen Netzwerks haben wird, das innerhalb eines enormen Parallelcomputers untergebracht sein wird. Um solch ein komplexes System aufzubauen, müssen die Entwickler auf ein Netzwerk zurückgreifen können, das sich selbsttätig weiterentwickelt. Die ›Zell-Automaten‹ werden die Verknüpfungen untereinander jeweils mit einem individuellen Computerprogramm, selbst herstellen.«

Dieser Ansatz, der sich »Evolutionstechnik« nennt, sorgt für das Wachstum eines Silikongehirns, indem Verknüpfungen hergestellt werden. »Das neuronale Netz wächst, wenn die Zell-Automaten einander »Wachstumssignale« zusenden und sich dann über Synapsen verbinden.«[28] (Und Sie dachten schon, dass die Gentechnik etwas Erstaunliches wäre.)

Das Bewusstsein zu definieren erweist sich als ein Unterfangen, das dem ähnelt, den Kern einer Zwiebel zu finden. Doch das Bewusstsein zu überdenken ist mehr als eine philosophische Übung oder eine wissenschaftliche Untersuchung. Es ist eine Pflicht, ja sozusagen ein moralischer Imperativ, die Natur des Bewusstseins neu zu bewerten, denn das legt in sich die Strategie fest, mit der die Menschheit sich selbst und alles Leben behandelt. Viele Veränderungen scheinen mir, und ich vermute auch vielen anderen, dringend nötig, damit die Menschheit ihr höchstes Potenzial entfalten kann. Wie so häufig in der Geschichte werden sich einige dieser Veränderungen sicherlich erst dann vollziehen, wenn schwere Zeiten anbrechen. Das erinnert mich an eine Aussage von Martin Luther King: »Ich werde nicht eher so sein, wie ich sein sollte, bis Ihr nicht so seid, wie Ihr sein solltet.« King betonte, dass es exakt die aufeinander bezogenen Strukturen des Lebens sind, mit denen jeder von uns in gegenseitiger Abhängigkeit steht.

Vielleicht ist es die aufeinander bezogene Eigenschaft allen Lebens und des Bewusstseins selbst, aufgrund derer wir uns alle in gegenseitiger Abhängigkeit befinden. Vielleicht wird die Menschheit erst dann ihr höchstes, erhabenstes Selbst kennenlernen, wenn sie allem Leben die höchste Achtung entgegenbringt. Vielleicht wird das verstärkte Bemühen, das Phänomen namens Bewusstsein fest in den

Griff zu bekommen, der Achtung, die ich meine, Vorschub leisten. Vielleicht wird auch die Natur des Nullpunktes des Bewusstseins, mit der jetzt angesehene Physiker experimentieren, bewussten Zugang zu dem Einen Geist des Universums gewähren. (Dieses Konzept ist besonders interessant, aber auch etwas technisch. Einen großartigen Überblick darüber liefert das Buch von Lynne McTaggart: *Das Nullpunkt-Feld. Auf der Suche nach der kosmischen Ur-Energie.)*

Ist es möglich, dass unser Geist ein hochentwickeltes Sende- und Empfangsgerät ist?

Rupert Sheldrake hat ein Phänomen demonstriert, das er das M-Feld nennt. Bei Testpersonen, die in einem extra dafür bestimmten Raum das Morse-Alphabet lernen, fällt die Lernkurve besser aus und sie können sich mehr merken, nachdem zuvor schon andere Gruppen in demselben Raum das Morse-Alphabet gelernt haben.[29] Ist es möglich, dass unser Geist in Wirklichkeit eine Art hoch entwickeltes Sende- und Empfangsgerät ist? Wenn das stimmt, ist dann das Einstellen von Liebe und Licht statt Habgier, Geiz und Wut nicht einfach nur eine Frage des Senders, den wir wählen?

Studien über Meditation haben gezeigt, dass die Kriminalitätsrate sinkt, wenn größere Gruppen von Menschen über Frieden meditieren.[30] Neue Studien zum Leben nach dem Tod, vor allem die Arbeit von Dr. Gary Schwartz (siehe sein Buch *The Afterlife Experiment*) hat unter Einsatz eines noch rigoroseren Forschungsaufwands überraschende Beweise für ein Leben nach dem Tod zutage gefördert.[31] Nahtoderfahrungen konnten von den sogenannten Gegnern dieser Überzeugung auch nicht hinreichend sachlich erklärt werden und Daten, die in diesem Zusammenhang auf parapsychologische Fähigkeiten der Betreffenden hindeuten, nehmen einfach zu.

In meinem Leben sind viele meiner Freunde und Bekannten mit paranormalen Phänomenen in Berührung gekommen. Viele Wissenschaftler und halbgebildete Denker behandeln dieses Thema häufig als etwas Törichtes und Unwissenschaftliches. Die sogenannten paranormalen oder übersinnlichen Phänomene, die Nahtoderfahrungen, die Berichte über Reinkarnation, Astralerscheinungen, Auras usw. werden alle in den großen Mülleimer lächerlicher Irrelevanz geworfen. Dabei werden diejenigen, die solche Erfahrungen schildern, als wahnhafte Menschen dargestellt, oder als Personen, die unter dem Einfluss chemischer Substanzen stehen, einschließlich der eigenen Gehirnchemie. Im Zusammenhang mit Nahtoderfahrungen wird häufig auf diese Weise argumentiert.

Jedoch betrachten nicht alle Wissenschaftler das Außergewöhnliche mit solch einer Verachtung und Unwissenheit. Tatsächlich haben einige der größten Denker aller Zeiten, auch in diesem Jahrhundert, solide Forschungen und wissenschaftliche Untersuchungen durchgeführt, die darauf schließen lassen, dass sich der Geist nicht lokalisieren lässt. Der Geist tritt in einem holografischen Universum mittels geistiger Prinzipien wie Verstand und Überzeugung in Interaktion und trägt so dazu bei, das zu erzeugen, was die meisten als Realität bezeichnen. Es ist absolut beachtenswert, wie auch Lynne McTaggart in ihrem Buch *Intention – mit Gedankenkraft die Welt verändern* darlegt, dass die Wissenschaft deutlich unter Beweis gestellt hat, dass »Gedanken greifbare Dinge sind, die die Kraft haben, auf die materielle Welt einzuwirken!«[32] Im persönlichen Gespräch mit mir hat Frau McTaggart hinzugefügt: »Wir haben viele hundert Jahre lang mit der Idee gespielt, dass unsere Gedanken unsere

Welt verändern können. Die meisten meinen, es ist eine Idee, die man genauso aufgegeben hat wie so viel anderes Wunschdenken auch. Geht man aber etwas mehr in die Tiefe – so wie ich es getan habe, dann entdeckt man außergewöhnliche Beweise dafür, dass es wirklich möglich ist: Gedanken von außen sind eine andere Energieform, die auf das sogenannte Materielle einwirken und es beeinflussen können. Daher gehen wir noch einen Schritt weiter und führen eine Reihe von Versuchen durch, bei denen wir die neue InnerTalk®-CD verwenden, die extra für diese Versuche produziert wurde. Es wird die größte weltweite Studie, die je erstellt worden ist.« Das »Intention Experiment« wird von mehreren angesehenen Wissenschaftlern überwacht und es ist dazu bestimmt, zu beweisen, dass die Absicht des Menschen tatsächlich in der Lage ist, die Welt in seinem Umfeld zu verändern. Im letzten Jahrzehnt wurden großartige Bücher geschrieben, die enthüllen, dass das Universum ganz anders aussieht, als wir es im Physikunterricht in der Oberstufe lernten und lernen. Charles Harpers Arbeit *Spiritual Information*, Lynne McTaggarts *Das Nullpunkt-Feld*, das Buch *Lebensnetz* von Fritjof Capra, Michael Talbots Werk *Das holographische Universum*, Amit Goswamis eloquentes Buch *Physics of the Soul* und so viele andere, verweben das, was die meisten annehmen, mit einer neuen Weltsicht, in der der Geist untrennbar mit dem verbunden ist, was wir für Materie und Realität halten. Ich möchte keinesfalls Autoren oder Wissenschaftler kränken, die ebenfalls zu dieser bemerkenswerten Revolution in der Physik beigetragen haben, doch ich bitte sie, Verständnis dafür zu haben, dass ich hier nur einige wenige der bedeutenden Werke nennen kann, die heutzutage gedruckt werden. (Eine Liste mit Leseempfehlungen finden Sie am Ende des Buches.) Es reicht wohl, zu sagen, dass das Bewusstsein, der Geist oder wie auch immer Sie die Essenz Ihrer selbst nennen möchten, nicht lokal begrenzt ist, dass sie kein Körper und kein Ego ist. Diese Essenz ist nicht das, für das Sie sie früher vielleicht einmal gehalten haben, sie ist viel großartiger, als wir es uns vorstellen können. Ihr essenzielles Selbst ist mit den Worten des Philosophen Plotins in ganz realer Hinsicht »unaussprechlich«. Das Fazit lautet also: Es geschehen Zeichen und Wunder!

Was mich betrifft, so wusste ich das schon immer. Als kleiner Junge machte ich Erfahrungen, die man, außer auf übersinnlichem Wege, nicht erklären kann. Irgendwie wusste ich Dinge, von denen ich gar nicht wusste, woher ich sie hätte wissen können. So konnte ich sagen, wo sich verlorene Gegenstände befanden, ich konnte im Umfeld von Menschen Störungen lokalisieren usw. Tatsächlich habe ich in den Jahren, als ich reiste und Vorträge hielt, festgestellt, dass die meisten jungen Menschen ähnliche Erfahrungen machen, doch sie lernen, sie auszuklammern, weil sie für »Einbildung« und daher für lächerlich gehalten werden. Es ist alles nur Einbildung, doch was, bitte schön, ist schlecht an Einbildung?

Als Teenager habe ich etwas erlebt, das ich nicht vergessen kann. Lassen Sie mich diese Geschichte mit ihnen teilen, denn ein Teil Ihrer Entscheidung darüber, welches Leben Sie sich wünschen, wird von Ihrer Sicht auf die Welt und auf ein mögliches Leben nach dem Tod beeinflusst.

Eines Abends machte ich mich mit einem hübschen jungen Mädchen namens Connie Bennet, mit dem ich ein Rendezvous hatte, auf den Weg, um Geld abzuholen, bevor wir Tanzen gehen wollten. Wir fuhren einen 1957 Oldsmobile und in den Vororten der Kleinstadt Woods Cross begann ich, Connie zu necken und machte ihr vor, dass wir kein Benzin mehr hätten. Es war sehr dunkel, ich trat auf das Gaspedal und ließ abrupt wieder los, wodurch ich den Wagen zum Rucken und Schlingern brachte. Wir näherten uns mehreren

Bahnübergängen und gerade als wir auf einen hinaufgefahren waren, starb der Motor ab. Wie auf Kommando senkten sich die Schranken und die Warnlichter begannen zu blinken. Dann erblickte ich zu meiner Linken den Frontscheinwerfer einer Lok, die direkt auf uns zuhielt. Der Zug schien so schnell näher zu kommen, dass ich, als Connie fragte, ob wir aussteigen sollten, nur daran denken konnte, wie Connie stolpern würde und dass der Wagen über sie geschoben werden würde. Deshalb sagte ich: »Nein, ich versuche, den Wagen zu starten.« Ich drehte den Schlüssel, sah dass der Motor abgesoffen war und drückte das Gaspedal zu Boden. Ich tat das, weil unser 1957 Oldsmobile einen Carter-Vergaser hatte, und wenn er abgesoffen war, musste man gleichzeitig das Gaspedal gedrückt halten und den Motor anlassen.

Connie hatte ihre Hand auf meinem Knie, während ich wie verrückt versuchte, den Motor zu starten. Das Nächste, an das ich mich noch erinnern kann, ist nicht etwa das, was Connie zu mir sagte, weil ich zu diesem Zeitpunkt schon nicht mehr im Auto war. Um es ganz deutlich zu sagen: Ich *war* im Auto, als der Zug mit uns zusammenprallte, und ich *war nicht* mehr in dem Wagen, als Connie aus ihm befreit wurde.

Als Connie aus dem Wrack geschnitten wurde, was einige Zeit in Anspruch nahm, fragte sie immer wieder nach mir. Der Schienenräumer der Lok hatte die Fahrerseite des Wagens zerquetscht, bevor der Wagen herumgeschleudert und von den Schienen gerissen wurde. Infolgedessen war der Wagen auf der Fahrerseite nur noch an die 90 Zentimeter hoch. Wie sich herausstellte, hatte der Zug etwa 100 Autos geladen und kam mit etwa 160 km/h herangerast. Ich weiß das aus dem Gerichtsverfahren, das folgte, weil Connie verletzt war und jahrelang eine medizinische Halskrause tragen musste.

Das Erste, was ich feststellte, nachdem der Zug in uns gerast war, war, dass ich alleine auf dem Feld längs der Schienen stand, in knapp 50 Meter Entfernung von den Rettungsfahrzeugen, die alle mit Warnblinklicht dort standen. Hinter dem Bahnübergang stauten sich mehrere Autos. Mit Sicherheit war einige Zeit verstrichen, denn Connie wurde nun nicht länger aus dem Wagen herausgeschnitten. Nein, sie war inzwischen im Krankenwagen, der gerade zum Krankenhaus losfahren wollte. Mein erster Gedanke galt Connie, also rannte ich zu den Rettungswagen, wo ich erst einmal vernommen wurde. Sobald die Verantwortlichen erfahren hatten, dass ich der Fahrer des Wagens war, ließ man mich zu Connie.

Das, woran ich Sie gerade teilhaben ließ, ist eigentlich nicht möglich – es ist aber geschehen. Meine Mutter vermutete einige Wochen später, dass ich vielleicht ein sogenannter »Walk-in«, so viel wie ein »Seelenwanderer« wäre, weil sie meinte, dass ich mich verändert hätte. (Manche sprechen von diesem Phänomen, wenn der Geist eines Wesens beschließt, zu gehen und wenn ein anderer Geist in das Wesen eintritt.) Damals wusste ich nicht einmal, was »Walk-in« bedeutet; das Einzige, was ich damals kannte, war die Schuld, die ich für Connies Leiden empfand. Ich versuchte, die ganze Erfahrung auszublenden, und das ist mir in gewissem Maße auch viele Jahre lang gut gelungen. Doch das Universum hatte andere Pläne für mich und entschied eines Tages, mir alles wieder in Erinnerung zu bringen.

Hier kommt es mir auf einen ganz einfachen Punkt an: Was auch immer der Geist ist, wir teilen ihn in vielerlei Hinsicht. Das Bewusstsein kann nicht verstanden, geschweige denn richtig definiert werden. Zum Leben gehören Ereignisse und Erfahrungen, die über normale Erklärungen hinausgehen und von daher paranormal werden. Wir sind alle viel mehr als nur ein materieller Körper mit einem Organ, das Gehirn heißt und das Signale durch Nervenbahnen schickt wie irgendein ausgeklügelter Bestandteil einer Maschine. Das Bewusstsein verbindet uns alle auf die eine oder andere Art untereinander und es scheint uns zu überleben. Wenn wir sterben, nehmen wir weder unsere schönen Autos oder Häuser noch unsere Auszeichnungen und Diplome usw. mit. Nein, das Einzige, das von uns überlebt, sind unsere Beziehungen.

Ein Irrtum wird erst dann zum Fehler,
wenn man sich weigert, ihn zu korrigieren.
O. A. Battista

9. Kapitel

Das Spiel der Subtraktion

Es ist eine ganz natürliche menschliche Eigenschaft, sich eine bestimmte Lebensqualität zu wünschen. Daher stellt sich die Frage: *Was ist Lebensqualität?* Wenn sie einmal darüber nachdenken, kommen die meisten zu dem Schluss, dass Lebensqualität mindestens die folgenden drei Merkmale hat:

1. die Abwesenheit von Angst,
2. liebevolle Beziehungen (Unterstützung) und
3. die Erfüllung der Grundbedürfnisse (Essen, Trinken, Schutz, Gesundheitsvorsorge usw.).

Stellt man die Merkmale aber dem typischen Selbstbild des Menschen gegenüber, werden sofort einige Probleme sichtbar. Das Erste ist die Angst, die wir innerlich davor haben, entblößt oder abgelehnt zu werden. Das nächste Problem ist die Distanz, die zwischen Menschen entsteht, wenn in einer Beziehung keine echte und vollständige Ehrlichkeit herrscht. Das Dritte sind die Bedenken, die wir im Zusammenhang mit der Erfüllung unserer Grundbedürfnisse haben. Wir haben diese Bedenken, weil wir uns nicht zutrauen, bis zum Rentenalter für uns selbst zu sorgen. Der gemeinsame Nenner all dessen liegt auf der Hand: Angst.

Was ist Angst denn schon, außer einer emotionalen Vermutung, dass wir nicht fähig sein könnten, uns die gewünschte Lebensqualität zu ermöglichen? Wenn wir es im Licht der vier Kategorien des Selbst von Singer betrachten, die wir zuvor erörtert haben (tatsächliches Selbst, ideales Selbst, »müsste-sein«-Selbst, gewünschtes Selbst), an welcher Stelle tritt dann diese Angst beim Durchspielen unseres geistigen Drehbuchs auf? Ist sie im tatsächlichen Selbst, im idealen, im »müsste-sein«-Selbst oder im gewünschten Selbst verankert – oder gerade im Unterschied zwischen ihnen?

Die Antwort liegt meines Erachtens in allem, was ich oben genannt habe. Normalerweise ist auf unserem geistigen Generalprobenplan die Aussöhnung der verschiedenen Seiten des Selbst nicht vorgesehen. Das heißt, wir wiederholen die ursprüngliche Generalprobe aus der Kindheit in der einen oder anderen Form bis zum Erwachsenenalter. Wir studieren das ein, was wir damals hätten sagen können, oder wie wir hätten reagieren sollen und nach Hollywood-Maßstäben sind die Proben der Erwachsenen genau so glamourös, wie sie es in der Kindheit waren. Zu dieser glamourösen Perspektive gehört es auch, uns zu Heldinnen und Helden zu machen. Es ist das Spiel, das der berühmte Philosoph Krishnamurti als die Kunst umschrieb, »den anderen um eine Nasenlänge voraus zu sein.«[33] Dabei ist es nur allzu oft eine dieser typisch rachsüchtigen Antworten, mit der man versucht, eine Art Sieg zu erzielen; zumindest im Geiste wird diese Reaktion so einstudiert. Viele scheinen wie Kinder von der Vorstellung gefesselt zu sein, dass ihr Wert gering sei und am besten auf Kosten anderer aufgewogen werden könne. Mit anderen Worten, wenn ich dafür sorge, dass sich jemand anders minderwertig fühlt, stelle ich dadurch meine eigene Überlegenheit her.

Unsere Welt ist schon seltsam, wenn die Kriterien, um selbst an Wert zu gewinnen, auf der Methode der Subtraktion beruhen. Werden wir etwa dazugewinnen, indem wir etwas an Stefan, Amélie oder Lukas geringer schätzen als an uns selbst? Der reife Erwachsene erkennt schnell die Abwegigkeit, die dieser Denkweise innewohnt. Der Charakter des unendlichen Kreislaufs, mit jemandem abzurechnen oder ihm damit sogar noch zuvorzukommen, erzeugt sowohl in materieller als auch in ideeller Hinsicht eine Welt voller Unsicherheiten und Verzerrungen. Ronald Laing hat festgestellt, dass der Zustand des normalen Menschen ein Zustand der Selbstentfremdung ist.[34] Weiter betont Laing mit aussagekräftigen und nur allzu richtigen Worten, dass der Mensch so lange vorgibt, etwas zu sein, was er in Wirklichkeit nicht ist, bis er das verliert, was er wirklich ist.

Die Wahrheit ist, dass wir jedes Mal, wenn wir jemanden schlecht machen, uns damit selbst reduzieren. Genau in dem Maße, wie wir den anderen herabsetzen, setzen wir uns selbst herab. Durch solch einen Einzelfall wird das Potenzial der gesamten Menschheit geschmälert. Die lieblose Duldung der Menschheit gegenüber lieblosen Taten führt nur dazu, dass sich solche Taten ewig fortsetzen werden. Folglich wird die Angst sowohl von lieblosen Handlungen genährt als auch von dem immanenten, kreislaufartigen Charakter, den es hat, miteinander abzurechnen.

Ein taoistisches Sprichwort lautet: »Wir werden zu dem, was wir ablehnen.« Durch unsere Abwehr dagegen, verspottet, ausgelacht, kritisiert oder auf andere Art unwürdig behandelt zu werden, erzeugen wir selbst genau das, was wir eigentlich verhindern wollen. Wir beschließen, den »Brand mit Feuer zu löschen« und stellen am Ende fest, dass wir unsere eigene Würde und unser eigenes Potenzial verbrennen. Das alles beginnt mit unseren geistigen Schauspielerrollen, von denen die meisten unmittelbar aus Fernsehszenen oder aus einem Theaterstück stammen. Dabei taugen Hollywood-Helden und Heldinnen allenfalls als Charaktere in einer netten Fernsehkomödie, aber nicht als ernsthafte Vorbilder.

Erinnern Sie sich noch an unsere Blumentopf-Geschichte? Können sie sich vorstellen, wie dieses Ereignis in einer Hollywood-Produktion dargestellt werden würde? Haben Sie jemals im Geist solch eine Szene geprobt? Überlegen Sie mal: Welches der potenziellen Ergebnisse, die in den verschiedenen Szenarios herauskamen, würde Ihnen auch 20 Jahre später noch ein gutes Gefühl vermitteln? Welche der Möglichkeiten würde Ihren Charakter, Ihr Selbstwertgefühl und Ihre Integrität auch Jahre später noch nähren? Welche Reaktion wird Ihr persönliches Wohlbefinden schmälern?

Viele Menschen befinden sich in einer Schublade, die sie festlegt

Wir müssen sozusagen über die Ränder dieser Schublade hinausdenken, denn genau mit dieser Art zu denken können wir aus der Schublade herauskommen. Die Wände der Schublade bestehen aus Angst, Wut, Mangel usw. Manche laufen im Kreis immer an den Wänden entlang – wie gefangene Tiere, die jedoch nie von ihren Füßen hoch genug aufschauen, um zu sehen, wie leicht diese Wände zu überwinden wären.

Auch die weiteste Reise, erklärte Lao-Tse, beginnt mit einem einzigen Schritt. Die Wände genau als die zu erkennen, die sie sind, und zu verstehen, wie sie dorthin gekommen sind, wo sie stehen, ist der erste Schritt für unsere eigene Befreiung.

Der nächste Schritt ist die Entscheidung, über die Begrenzungen des »ewig gleichen Einerlei« hinwegzutreten. Das ist eine neue, echte Wahlmöglichkeit. Sie bedeutet eine Veränderung von Überzeugungen.

An etwas zu glauben, ist eine machtvolle Kraft. Der Glaube verwandelt eine Zuckertablette in ein starkes Medikament. Der Glaube bringt geistig gesunde Menschen dazu, geistig krankhafte Dinge zu tun. Der Glaube kann das menschliche Potenzial steigern oder mindern. Die Überzeugung, dass es in Ordnung ist, abzurechnen und dass es sogar soziale Vorteile einbringt, ist eine destruktive Überzeugung. Die meisten der Überzeugungen, die viele von uns haben, wurden uns vermacht. Oft handelt es sich dabei um Überzeugungen vom Hühnerhof. Wenn wir unsere Überzeugungen ändern, kann das der Aspekt des persönlichen Wachstums sein, der uns am meisten stärkt, der aber zugleich die meisten Schwierigkeiten bereitet. Denn selbstbegrenzende Überzeugungen sind, genau wie ihr Name sagt, selbstbegrenzend. Ich habe solche Überzeugungen jahrelang als »Ankerpunkte von Werten und Normen« bezeichnet und sie können wirklich wie Anker funktionieren. Websters Wörterbuch definiert einen *Anker* als »etwas, das dazu dient, ein Objekt zu befestigen«. Überzeugungs-Anker gibt es überall. Sie entstehen aus vielen Facetten der Gesellschaft. Sie können in beliebten Redensarten zum Ausdruck kommen, oder sogar auf Aufklebern zu lesen sein, wie: »Geld verdirbt den Charakter« und: »Endlich Wochenende!«. Was bewirken diese Überzeugungen? »Endlich Wochenende!« besagt im Wesentlichen, wie sehr wir unsere Arbeitswoche hassen. Geld als etwas Schädliches zu beschreiben, bedeutet: »Ich mag das Verdorbene und ich möchte es haben«, oder: »Ich will das auf gar keinen Fall!« Überlegen Sie doch einmal, welche Redensarten Sie kennen und vielleicht auch benutzen. Was sagen wir durch sie aus? Geht es in ihnen um Reichtum? Sprechen sie wirklich unsere wahren Wünsche an? Mit anderen Worten: Nützen sie Ihnen?

Können Sie sich vorstellen, echten Wohlstand zu erlangen, wenn Sie eigentlich der Meinung sind, dass er Ihren Charakter verdirbt und Sie zu einem schlechten Menschen macht? Sind Sie der Meinung, dass die Haltung: »Endlich Wochenende!«, Sie Ihrem Ziel, am Arbeitsplatz Höchstleistungen zu erbringen oder eine Gehaltserhöhung zu erhalten, näherbringt?

Die meisten Menschen haben Überzeugungen, die sich gegenseitig ausschließen. Das heißt, sie streben Wohlstand an und glauben gleichzeitig, dass Wohlstand den Charakter verdirbt. Diese widersprüchlichen Überzeugungen werden früher oder später im Leben miteinander in Konkurrenz treten. Da diese Unstimmigkeit normalerweise unbewusst bleibt, wird sich die stärkere Überzeugung durchsetzen. Unsere Überzeugungen sind immer dann besonders stark, wenn sie mit Angst verbunden sind. Also gewinnt die »schwerwiegendste« Angst. In dem wunderbaren Buch und Film *Harry Potter und der Gefangene von Askaban* gibt es eine Szene, in der es darum geht, dass die einzige Zauberei, mit der man das Böse überwinden kann, auf einer Formel beruht, bei der man eine kraftvolle Erinnerung an Freude und Liebe in sich wachrufen muss. Erst als Harry diese Mischung aus Liebe und Freude findet, ist er in der Lage, das Böse zu bannen. Das ist eine starke, lebensnahe Metapher.

Doch irgendwie wird dem von John Wayne geprägten, angriffslustigen Ausspruch: »Nehmt es selbst in die Hand, Ihr Hurensöhne«*, im wirklichen Leben mehr Wert beigemessen, als der Aussage: »Wie ich den geringsten meiner Brüder behandle ...**.« Warum ist das so?

---

* Aus dem Western *Der Marshall* (1969), in dem John Wayne als stets betrunkener Marshall Rooster Cogburn seinem Leben dadurch einen neuen Sinn verleiht, dass er einen Mord rächt. Ein Höhepunkt des Films ist ein Verfolgungsritt, bei dem Cogburn mit Waffen in beiden Händen vom Pferd aus alle Übeltäter erschießt.

** ... so behandle ich Jesus.

Hier greift wiederum der Kreislauf der Angst, der sich ewig fortsetzt und der leider insgesamt viel zu viele Menschen infiziert. Selbstwert herzustellen bedeutet von daher, dass wir anfangen, zuerst die eigenen Überzeugungen und Ängste zu untersuchen.

Liebe ist ein sanftes Wort, mit dem Möchtegernmachos vermutlich nur schwer umgehen können. Liebe ist hier nicht im romantischen Sinne gemeint, sondern als Alternative zu Wut und Angst. Einfach Hilfe zu leisten, ohne dafür eine Belohnung zu erwarten, das ist ein Akt der Liebe. Ein freundliches Wort ist ein Akt der Liebe. In Zeiten der Not kann Trost ein Akt der Liebe sein. Güte ist Liebe. Hinter meinen früheren Büroräumen fließt ein kleiner Kanal, der den Wasserabfluss regelt. Normalerweise führt er das ganze Jahr über Wasser. Frühmorgens versammeln sich dort immer die Vögel zum trinken. Immer wenn ich morgens vor 7 Uhr zum Büro kam, sah ich dort einen Herrn stehen. Er hatte ein altes Auto und trug alte Kleidung, doch er stand jeden Morgen mit zwei bis drei Laiben Brot dort und fütterte die Vögel. Für sie hatte dieser alte Mann den kleinen Ort, eine Fläche von vielleicht 1000 Quadratmetern, zum Himmel auf Erden gemacht. Seine Güte ist ein Akt der Liebe, doch wenn man diesem eher großen, grob aussehenden Mann einfach einmal begegnen würde, dürfte man sich aufgrund von eingefahrenen Überzeugungen wohl eher abgeschreckt fühlen, und ihn vermutlich nicht als den sanften Mann sehen, der er ist. Das Wort *Liebe* mag demjenigen, der etwas unter Beweis stellen muss, unmodern erscheinen, doch demjenigen, der weiß, wer er ist, erscheint es nicht so.

Die bedingungslose, aber nicht romantische Liebe besteht aus drei Aspekten. Der erste Aspekt dürfte Sie überraschen. Es ist einfach die Ehrfurcht. Kinder verlieben sich in alles. Kleine Kinder lieben das Geräusch ihres neuen Spielzeugs, das Wehen des Windes, das majestätische Aussehen eines großen Baumes usw. Sie finden in allem etwas, worüber sie staunen können. Das Staunen bringt einen Glanz auf ihre Gesichter und ein Lachen auf ihre Lippen. Wenn ein Spielzeug kaputtgeht, können sie weinen, als ob sie den Menschen verloren hätten, den sie am meisten lieben. Grund für ihre Unschuld ist aber nicht, wie so oft vermutet wird, ein Mangel an kritischen geistigen Fähigkeiten. Mit ihrer Unschuld sehen sie tatsächlich die Schönheit, die Freude und das Ehrfurchterregende in so vielen Dingen in unserer alltäglichen Umgebung. Ehrfurcht ist das Verständnis dafür, dass man die Schönheit einer Rose, die Worte eines begabten Dichters und die zahllosen Gesichter, die auf einer belebten Straße ein Lächeln erwidern, mit einfachen Erläuterungen nicht hinreichend erklären kann. Ehrfurcht ist das Staunen, das die menschliche Seele adelt und ihr Stärke verleiht. Ehrfurcht ist die Anerkennung, dass hinter jedem Atemzug, den wir tun, ein Wunder steht. Ehrfurcht begreift die Herrlichkeit der Schöpfung als das, was sie ist: ein unerklärtes Ereignis von monumentaler, sogar unbeschreiblicher Gestalt.

Leider schmälert unsere Ausbildung auf dem Hühnerhof die Ehrfurcht tendenziell durch Erklärungen. Wir lernen also die Evolution nach Darwin und die Urknall-Theorie kennen, doch unsere Lehrer teilen uns nicht mit, dass diese Theorien weder bewiesen sind noch auf Tatsachen beruhen. Sie sind nur die moderne, dabei wissenschaftliche Art von Geschichten, die wir unseren Kindern erzählen, wobei wir über die Mythen, die vor Generationen gelehrt wurden und die die Geschichte anders erzählt haben, selbstverständlich spotten oder lachen. Man sagt uns auch nicht, dass DNA nur von DNA gebildet werden kann, und dass, laut manchen Quellen, die ursprünglichen Elemente, die für die Bildung einer DNA gebraucht werden, gar nicht in der Ur-Suppe enthalten war, die zu der Zeit auf der Erde waberte, als das Leben angeblich einfach aus dem Nichts entstand.[35] Man sagt uns auch nicht, das die sogenannte Urknall-Theorie vielen Berichtigungen unterzogen wurde, um die alten Argumente vom »Ersten Beweger« zu umgehen.

Da wir viele Dinge genau auf diese Art lernen, tun wir die Schönheit der Dinge ab und haben keine Ehrfurcht mehr vor ihnen. Wir schalten unser Licht an und freuen uns über die Stromversorgung, dabei wissen wir auch, woher der Strom kommt, doch wir wissen nicht, dass die Wissenschaft noch nie wirklich erklärt hat, woher Elektrizität wirklich kommt. Wir konnten dem Elektron seinen Namen geben und haben fast sein gesamtes Verhalten erklärt, doch Elektronensprünge und andere Anomalitäten lässt die Lehre einfach weg. Was wir nicht verstehen, so die Regel, lassen wir einfach außen vor. Solange etwas als etwas benannt werden kann, entstehen möglicherweise eine gewisse Vertrautheit und das Gefühl, zu wissen, was etwas ist, weil wir seinen Namen kennen. Das ist aber weder elegant noch befreit es uns vom sogenannten Fehlen der kritischen geistigen Fähigkeiten eines kleinen Kindes.

Ehrfrucht ist überall vorhanden, wenn wir innehalten und die Welt um uns herum zu spüren beginnen. Die Liebe beginnt mit der Fähigkeit, Ehrfurcht zu empfinden. Es gibt viele Synonyme für Ehrfurcht, darunter auch Demut. Demut ist übrigens eine wertvolle Charaktereigenschaft, die wir zu einer unserer Überzeugungen ausbauen können. Die Charaktereigenschaften eines jeden von uns können den Zustand des Menschen adeln.

Ein weiterer Grundbestandteil der Liebe ist Einfühlsamkeit. Der viel strapazierte, aber dennoch richtige Ausspruch: »Wenn ich an seiner Stelle wäre ...«, ist ein nach außen gerichteter Ausdruck von Einfühlungsvermögen, das es verdient, gefördert zu werden. Websters Lexikon definiert Einfühlungsvermögen folgendermaßen: »die Gefühle eines anderen zu verstehen, sich ihrer bewusst zu sein, für sie empfänglich zu sein und stellvertretend für den anderen dessen Gefühle, Gedanken und Erfahrungen zu erleben« oder »die Fähigkeit dazu« zu haben.

Das dritte Element kann man am besten durch eine Frage erklären: Wie stark bin ich an die Ergebnisse der Liebe gebunden? Bedingungslose Liebe ist nicht ergebnisgebunden. Anderen Liebe zu geben, ist kein Verhandlungsgegenstand. Bei all den vielen Malen, die Sie so etwas gehört haben wie: »Wenn du mich liebtest, würdest du _____«, könnten Sie sich unbewusst daran gewöhnt haben, für Liebe eine Gegenleistung zu erwarten. Bei solch einer Art Liebe handelt es sich quasi um eine vertragliche Verpflichtung. Doch über bedingungslose Liebe wird nicht verhandelt. Wer sie gibt, der zielt nicht darauf ab, bei dem anderen ein Gefühl von Verpflichtung auszulösen. Bedingungslose Liebe bedeutet, keine Erwartung an sie zu haben und nicht auf ihre Ergebnisse fixiert zu sein, sondern einfach zu lieben. Vielleicht werden Sie sich – ich habe das früher auch getan – fragen, ob es überhaupt möglich ist, bedingungslose Liebe zu geben. Ist es möglich, jemanden zu lieben, etwa ein Kind, und sich nicht dafür verantwortlich zu fühlen, was für das Kind dabei herauskommt? Im Grunde wünschen Eltern sich vieles für ihre Kinder. Wenn ihre Liebe wirklich bedingungslos ist, überlebt sie auch dann noch, wenn das Kind zu Hause auszieht und nichts mehr mit den Eltern zu tun haben will. Wie in der Geschichte vom verlorenen Sohn bleibt die Liebe erhalten. Gott liebt uns alle auf diese Art und Weise, auch wenn es sicher Gelegenheiten gab und gibt, bei denen sich Gott ganz sicher gewünscht hätte, das wir anders handeln, wird uns seine Liebe trotzdem nie verlassen.

Wahres Selbstwertgefühl ergibt sich aus dem, was wir geben, und nicht aus dem, was wir nehmen

Kurzum, wir bilden Wertschätzung, indem wir summieren und nicht, indem wir subtrahieren, und wir summieren am meisten, wenn wir bedingungslose Liebe geben. Wenn wir jemandem helfen, ohne darauf zu achten, was für uns selbst dabei herauskommen wird, steigern wir damit unseren eigenen Wert, als auch den Wert der Menschheit insgesamt. Wenn wir Liebe also ohne Bedingungen geben, dann steigern wir gleichzeitig unseren eigenen Wert und den des anderen. Wahres Selbstwertgefühl ergibt sich aus unseren Handlungen, und nicht aus dem, was wir sagen. Wahres Selbstwertgefühl baut den Charakter auf und nicht das Ego. Es geht letzten Endes darum, der zu sein, als der wir erschaffen wurden. Darüber hinaus schafft unsere Absicht, bedingungslos zu geben, ein Feld, auf dem sich Möglichkeiten entfalten, die jenseits des Spektrums selbstsüchtiger Absichten liegen.

Jeder von uns ist insofern großartig, als er unendlich viele Möglichkeiten, die unerkannt und unentdeckt in unserer Umgebung liegen, sehen und ergreifen kann.
James Harvey Robinson

10. Kapitel

Sie verdienen das Bestmögliche: Es ist nie zu spät!

Es gibt zwei Fragen, die ich häufig höre. Die erste hat etwas mit Bestimmung zu tun. Ich hoffe, dass Sie inzwischen erkannt haben, dass es Ihre Bestimmung im Leben ist, anderen Dienste zu erweisen und dass das Leben eine Reise ist und nicht deren Ziel. Die zweite Frage hat etwas mit Schuld, Angst und auch mit dem Altern zu tun. Obwohl ich diese Frage in vielen Variationen höre, kann ich sie allgemein so auf den Punkt bringen: »Ich denke, dass es für mich schon zu spät ist und dass ich nicht das Beste verdiene.«

Mal hängt das »zu spät« mit dem Alter zusammen und mal mit Handlungen, die jemand in seinem Leben ausgeführt hat. Ich werde Ihnen dasselbe sagen, was in allen heiligen Texten steht: »Solange du noch Atem schöpfst, ist es nie zu spät.« Solange wir atmen, sind wir in Bewegung. Das ganze Universum bewegt sich, es dehnt sich aus und zieht sich zusammen, ganz so wie unsere Lunge. Ohne Bewegung treten entweder Schwund und Stagnation ein oder eine systemimmanente Unordnung, die letzten Endes auf Singularität hinausläuft. Wenn wir aus dem irdischen Bereich abtreten, ändert sich zum Zeitpunkt des Todes außer dem Atem nichts. Die Zellen teilen sich noch eine Zeit lang weiter, vermehren sich und machen in ihrem lokalen Umfeld genauso weiter wie zu der Zeit, die wir Leben nennen. Das, was aufgehört hat, ist der Atem.

Die Gedanken sind in Bewegung. Unser Bewusstseinsstrom ist in Bewegung, die Selbstbotschaften sind in Bewegung. Unsere Gedanken erschaffen Dinge und kommunizieren. Selbst wenn wir körperlich nicht in der Lage sind, gewisse Dinge zu tun, kann unser Geist diese Tätigkeit übernehmen.

Einmal hatte aber auch ich das Gefühl, dass es für mich zu spät sei. Mein Erwachen vollzog sich nur langsam. Lange Zeit lehnte ich es ab, mich ernsthaft mit mir selbst zu beschäftigen. Ich floh vor meinem emotionalen Schmerz und versteckte mich hinter Geld, Macht, Wut, Feindschaft und falschem Stolz. Doch eines Tages konnte ich mich nicht länger verstecken. Stück für Stück wurden diese Schichten abgeschält, bis ich gezwungen war, mein wahres Selbst zu suchen. Auf dem Weg dorthin hatte ich viel Hilfe und ich garantiere Ihnen, dass auch Ihnen geholfen wird, wenn Sie sich entschließen, auf diese Reise zu gehen, die kein Ende zu haben scheint und die immer wieder nur zu der einen Frage führt: »Wie hoch ist oben?« Das Universum wird Sie mit Anerkennung und Hilfe versorgen, genau wie es das bei mir getan hat, denn genau so funktioniert das Universum. Dr. Wayne Dyer drückt es in seinem hervorragenden Werk *Mit Absicht* so aus: »Absicht ist nicht das, was man tut, sie ist eher eine Kraft, die im Universum als unsichtbares Energiefeld existiert.« Er fährt fort, indem er Carlos Castanedas Werk *Das Wirken der Unendlichkeit* zitiert: »Absicht ist eine Kraft, die im Universum existiert ... diejenigen, die von Der Quelle leben, locken die Absicht an. Sie kommt auf sie zu und zeigt ihnen einen Weg zum Erlangen auf.«

Wir sind nicht unser Körper oder unser Geist – wir sind unsere Seele

Laut Dr. Dyer können wir die Bedeutung des Lebens erst dann erfassen, wenn wir uns mit der Kraft in Verbindung gesetzt haben, die uns erschaffen hat. Wir sind nicht unser Körper oder unser Geist – wir sind unsere Seele. Die Seele ist freigiebig und kreativ. Die Seele ist gütig, liebevoll und schön, sie dehnt sich aus, ist überreich und empfänglich. Wenn man diesen Eigenschaften nacheifert, beginnt man dadurch, die Verbindung herzustellen.

Dr. Dyer sagt auch, dass jeder von uns eine lebendige Erfahrung Gottes ist! Das habe ich zum ersten Mal gelesen, als ich im Flugzeug saß und ich begann, alle Menschen auf andere Art anzuschauen. Das Göttliche, oder welchen Namen Sie ihm auch immer geben mögen, erschafft jeden Menschen, und so wird jeder zu einer lebendigen Erfahrung Gottes. Ich kann schon gar nicht mehr zählen, wie viel Lächeln, Ausnahmeregelungen und andere Hilfe mir dadurch zuteil wurde, dass ich gegenüber jedem, dem ich begegnete, diese Vision im Kopf behielt: »Du bist eine leibhaftige Erfahrung Gottes.«

Zurück zum Thema: »Es ist nie zu spät.« Auf meiner Reise gab es einen Zeitpunkt, zu dem ich mich nach mehr Informationen zur Metaphysik sehnte. Ich schrieb mich bei einer kalifornischen Universität ein und begann per Fernkurs, diese Wissenschaft zu studieren. Dabei handelte es sich aber nicht um Metaphysik, wie sie in einem fortgeschrittenen Philosophiekurs gelehrt wird und wie ich es eigentlich erwartet hatte. Vielmehr ging es um praktische Metaphysik für den Alltag. Ich hatte lange Zeit studiert, und eigentlich schon doppelt so viele Prüfungen abgelegt, wie für den Bachelor-Abschluss in dieser einzigartigen Disziplin eigentlich erforderlich gewesen wären, als ich folgende Nachricht erhielt:

Ich könne weitermachen, doch dazu müsse ich ordinierter Geistlicher werden.

Mir hätte klar sein müssen, dass es sich hier nicht um ein streng akademisches Umfeld handelte, doch diese Anforderung traf mich an meinem wunden Punkt. Denn ich wusste, dass ich nicht würdig war, Priester für irgendjemanden zu werden, noch nicht einmal für mich selbst.

Die Wochen vergingen und an einem Sonntagnachmittag erinnerte ich mich während der Lektüre spiritueller Materialien an einige Unterweisungen aus der Schule. Ich zog eine Sammelmappe hervor, in der ich viele Aufzeichnungen aufbewahrte, und der Brief der Universität fiel heraus. Als ich ihn aufhob, merkte ich sofort, dass ich den Unterricht vermisste und die ganze Freude und die Veränderungen, die er in meinem Leben bewirkt hat. Ich setzte mich wieder in meinen Lehnstuhl und hielt den Brief auf dem Schoß.

Über meinen Gedanken schlief ich ein und hatte folgenden Traum:

> Es war einmal ein Mann, der sich selbst betrachtete und sich sagte: »Ich wünsche mir, Gott zu dienen, doch mein Leben war voller Fehltritte. Das Beispiel, mit dem ich vorangegangen bin, ist nicht das eines Geistlichen. Die Menschen werden nur spotten und sagen: »An ihren Früchten sollt ihr sie erkennen«*. Wer glaube ich denn zu sein, um für oder von Gott zu sprechen?
>
> Als sich der geplagte Mann zur Ruhe legte, kreisten diese Worte in seinem Kopf. Er sprach zu Gott: »Dein Wille geschehe und nicht meiner.«
>
> Als er in den Schlaf sank, erschienen ihm Bilder, die diese Geschichte erzählten:

* Matthäus-Evangelium, 7,16: An ihren Früchten sollt ihr sie erkennen. Kann man denn Trauben lesen von den Dornen oder Feigen von den Disteln?

Es war einmal ein Baum, ein Baum des Lebens, voller Früchte. Seine Äste bogen sich unter dem Gewicht der saftigen, roten Kirschen zu Boden. Die Kirschen tanzten fröhlich in dem leichten Wind, der ihre zarte Haut umspielte und der ihre Fülle und lebendige Farbe dem Vater vorführte, der Sonne der Himmelreiche.

Bei Tau und Regen polierten sie ihre Schönheit auf und tranken von der Erde. So speicherten sie die Energie und die Lebenskraft, die sie aus dem Boden über die Wurzeln aufnahmen und die Sonne, die durch die Blätter ihres elterlichen Baumes hindurchschien, wärmte sie.

Doch leider reiften nicht alle Kinder dieses Baumes so heran, dass sie saftige, rote Früchte hervorbrachten. Aus dem Drang heraus, Dinge auf eigene Faust kennenzulernen, wendete sich ein Kind vom Vater ab und beachtete die elterlichen Warnungen nicht. Charlie, wie die anderen ihn nannten, hielt seine Lebenssäfte warm und trotzte Kälte, Frost und den Elementen. Er nahm Farbe an und gelangte früh zur Reifung.

Dadurch, dass er sich am Astansatz drehte, wendete er sich von der Sonne ab und in den Schatten der Blätter. Charlie trieb leichtfertig Unzucht mit der Welt, indem er sich weigerte, die in ihm natürlich vorhandenen Pestizide freizusetzen und sich mit Parasiten einließ.

Bald war seine empfindliche Haut gerissen, das Fleisch seiner Früchte lag bloß. Der Duft zog die Vögel an und sie taten sich an ihm gütlich. Charlie zehrte von seinem Fleisch und von der Welt. Leidenschaft, Erfahrung und Wissen hatten ihren Preis.

Eines Tages kam ein Gärtner. Er entfernte die reinen und reifen Ableger vorsichtig vom elterlichen Baum, doch Charlie ließ er zurück. Er hing nun ganz allein da und sah sich um. Die Herbstnächte waren kalt und einsam. Seine Freunde, die Vögel, hatten ihn verlassen und waren zum

Überwintern weggeflogen. Sein Fleisch war verdorben und nunmehr mieden ihn selbst die Insekten. Seine Seele hielt an seinem ruinierten Körper fest. Die Elemente, denen er einst voller Abenteuerlust getrotzt hatte, drohten nun, ihn vom Stamm des Lebens abzutrennen. Charlie war traurig und einsam. Er hatte folgende Dinge gelernt: Wissen bedeutet nicht notwendigerweise Weisheit, Erfahrung ist nicht immer ein angenehmer Lehrer und Leidenschaft ist manchmal ein Gift, das Erfahrung und Wissen wertlos macht.

Charlie schaute hinauf zum schönen blauen Himmel, mit beschwingten, weißen, bauschigen Wolken, die in ihrem Treiben so wirkten, als ob sie auf der Welt nichts zu tun oder zu befürchten hätten, und die faul durch die weiten blauen Himmelreiche segelten. »Sie und die Lilien auf dem Feld«*, sagte sich Charlie.

»Lieber Gott«, sagte er laut »ich habe gesündigt. Ich bin mit der Schönheit Deiner Blüten verschwenderisch umgegangen und ich habe der schlichten Wahrheit den Rücken zugekehrt. In meinem Streben nach Weisheit habe ich Deine großartige Gestalt aus den Augen verloren und mich körperlichen Illusionen hingegeben. Ich war verloren. Daran bin ich ganz allein schuld. Ich gebe dir meine Essenz, Schöpfer all dessen, was in meinem Inneren gut ist und allem, was in meinem Inneren je Liebe sein könnte. Denn Du bist die ewig währende Liebe und das, was für mich am Besten ist, das ist genauso beschaffen wie Du. Am allermeisten bedaure ich, dass ich das so spät entdeckt habe.

»Ich habe eine Raupe beobachtet, die sich aus ihrem Kokon herauswand und sich als Schmetterling auf den

* Matthäus-Evangelium 6,28: Und warum sorgt ihr euch um die Kleidung? Schaut die Lilien auf dem Feld an, wie sie wachsen: Sie arbeiten nicht, auch spinnen sie nicht.

Blättern über mir niederließ«, fuhr Charlie fort, »doch ich fürchte, dass ich diese Entdeckung so spät in meinem Leben gemacht habe, dass ich keine Chance mehr haben werde, seine Schönheit und Wahrheit mit anderen zu teilen.«

Daraufhin senkte Charlie seinen Kopf. Plötzlich riss ein Eichhörnchen ihn von dem Ast ab, an dem er hing, flitzte den Baumstamm hinunter und über die Wiese. Das Eichhörnchen hielt kurz an, untersuchte Charlie und ließ ihn, so als würde es ihn ausmustern, ins Gras fallen.

Dort blieb Charlie ein bis zwei Tage liegen und dann kam der Schnee. Charlie schlief unter der weißen Decke.

Die Jahreszeiten wechselten einander so schnell ab wie ein Wimpernschlag. Charlie schlug Wurzeln und wurde stark. An seinen Zweigen wuchsen Blüten, denen Früchte folgten, die schöner waren als alle, die Charlie je zuvor gesehen hatte. Charlie lobpreiste und dankte Gott!

Dann erwachte der demütige Mann in meinem Traum aus seinem Schlummer. Seine Gebete waren erhört worden. Der Herr lässt den Menschen nicht im Stich, der Mensch lässt Gott im Stich. Dein Wille geschehe und nicht meiner, denn letzten Endes sind beide in ihrer grenzenlosen Schönheit ein und dasselbe.

Seit diesem Traum hat sich mein Leben geändert. Heute verleihen mir die Gesichter vieler Menschen ein wohlig-warmes Gefühl, wenn ich abends meinen Kopf auf das Kissen lege. Ich erfreue mich an meiner Familie und an der entzückenden Frau, mit der ich seit mehr als 16 Jahren verheiratet bin. Eigentlich wollten wir nur ein Kind haben. Ich habe mich entschieden, die ersten sechs Lebensjahre meines Sohnes mit ihm zu verbringen und von zu Hause aus zu arbeiten. Also verlagerte ich mein Büro nach Hause und hatte eine wunderbare Zeit. Ich hörte auf zu reisen und Vorträge zu halten und verbrachte die Zeit mit Lernen, Schreiben und mit der Verwaltung meiner Geschäfte. Dann wurde mein Jüngster geboren. Nun war er sechs Jahre lang an der Reihe. Der langen Rede kurzer Sinn ist, dass ich zwölf Jahre lang gewissermaßen verschwunden war. Als ich sozusagen in die Welt zurückkehrte, war ich überrascht, wie viele Leute gedacht hatten, ich sei gestorben: »Ich habe so lange nichts von dir gesehen oder gehört, ich dachte schon, du seiest tot.« Kommentare wie diese waren keine Seltenheit. Wie auch der alte Spruch von Mark Twain besagt: »Die Gerüchte über meinen Tod sind reichlich übertrieben.«

Heute kann ich ehrlich sagen, dass diese Jahre mein Leben enorm bereichert haben. Ich glaube, dass alles aus irgendeinem bestimmten Grund geschieht. Ich habe die Botschaften, die dieses Buch enthält, alle selbst in die Praxis umgesetzt und ich kann Ihnen voll aufrichtiger Ehrlichkeit sagen: Es funktioniert!

Ich würde gern die Gedanken von Gott kennen.
Alles andere sind Details.
Albert Einstein

11. Kapitel

Das Königreich in Ihrem Inneren

Was wäre denn, wenn die Welt wirklich magisch sein sollte? Was wäre, wenn wir tatsächlich als Mit-Schöpfer erschaffen worden sein sollten, mit der ganzen Kraft, ein wunderbares Leben zu leben, wenn wir nur daran glaubten? Was wäre, wenn wir unsere eigenen Cheerleader wären, die uns unterstützen und mit lautem Hurra anfeuern? Eine Freundin von mir, Terri Marie, schrieb ein wunderbares kleines Buch darüber, in dem es nur darum geht, der Cheerleader für sich selbst zu sein. In dem Buch mit dem Titel *Be the Hero of Your Own Game*, auf deutsch so viel wie: »Sei der Held in deinem eigenen Spiel«, weist sie darauf hin, dass wir normalerweise gut darin sind, andere zu ermutigen, doch uns selbst zählen wird dann all die Gründe auf, aus denen wir keinen Erfolg haben können. Was wäre denn, wenn wir glaubten, dass wir erschaffen wurden, um

- unser eigenes Bestes zu verwirklichen?
- die anderen mit unseren einmaligen Begabungen und Fähigkeiten zu verblüffen?
- jeden Tag und bei allem, was wir tun, Glück, Frieden, Ausgeglichenheit und Harmonie zu erleben?

Was wäre denn, wenn unser Himmlischer Vater auf uns mit derselben Liebe und demselben Segen herabblickte wie Eltern auf ihr neugeborenes Kind und wenn er Sein allgutes, all-mächtiges und all-wissendes Bestes und damit alles, was er hat, uns opferte?

Ich glaube, dass Gott, oder welchen Namen auch immer Sie für den Schöpfer bevorzugen, genau das getan hat. Erinnern Sie sich noch an die Geschichte von Mark Twain aus seinem Buch *Letter from the Earth*? Der Kernpunkt der Geschichte war: Versteckt Gott dort, wo die Menschheit ihn niemals vermuten würde. Versteckt ihn im Inneren des Menschen – das ist der letzte Ort, an den der Mensch je schaut!

Während ich Vorlesungen im Ausland gehalten habe, kam ein wunderbarer Mann mit zwei Fragen auf mich zu. Er hatte zwei Jahre zuvor sein Priesteramt niedergelegt, weil er glaubte, er sei dafür nicht geeignet. Er räumte zwar ein, vielen Menschen geholfen zu haben, doch er sorgte sich, weil er sich selbst nicht für würdig hielt, gute Ratschläge zu erteilen. Seine Gedanken seien nicht ganz makellos und obendrein sei er als Sünder geboren worden.

Wir unterhielten uns einige Zeit. Ich stellte ihm mehrere Fragen. Zum Schluss gab er zu, dass sich laut dem, was er gelernt hatte, wohl überhaupt niemand irgendeiner Sache würdig fühlen könnte. Wie viele andere hatte auch er gelernt, dass der Große Ordner Transzendenter Themen ihn unvollkommen erschaffen hatte. Er war als Sünder geboren worden und er war nur auf der Welt, um mutig und vertrauensvoll das Leiden zu ertragen, das er erdulden sollte. Darüber hinaus brauchte er genau dieses Leiden, um seine Hingabe und Liebe zu Gott unter Beweis zu stellen. Da er christlicher Priester war, und zwölf Jahre lang ausgebildet worden war, befragte ich ihn auch zu einigen Worten Jesu. Jesus sagte: »Das himmlische Königreich liegt in Eurem Inneren.« Er sagte auch: »In meines Vaters Haus sind viele

Wohnungen*. Warum beurteilt Ihr mich nach meinen Worten und nicht nach meinen Taten?** Die Werke, die ich tue, werdet auch Ihr tun und noch größere.*** Wenn Ihr nur Glauben in der Größe eines Senfkorns hättet.****« Wenn man sie in ihrem Zusammenhang sieht, drücken diese Zitate alle klar aus, dass Gott im Inneren eines jeden von uns weilt. Sie regen uns auch dazu an, Christusbewusstsein zu erlangen. In der Tat hat Jesus klar und deutlich gesagt, dass wir alle seine Brüder und Schwestern sind. Christus hat an keiner Stelle behauptet, dass wir arme, bemitleidenswerte Geschöpfe seien, die nur erschaffen wurden, um zu leiden. Die Botschaft von Christus ist die Liebe!

An diesem Punkt ging unsere Diskussion in den Bereich der christlichen Mystik über und führte uns weiter zum Thema »Ich-bin-Präsenz«. »Ich bin, der ich bin«, sagte Gott zu Moses. Die große Ich-bin-Präsenz ist das Himmelreich oder das Gottes- bzw. Christusbewusstsein in unserem Inneren. Dann wurde ich gefragt: »Ist das der Grund, aus dem alle Ihre Affirmationen im InnerTalk®-Programm mit ›Ich bin‹ beginnen?«

Mein Geist machte eine Rückblende zu einem kleinen Buchladen in Reno in Nevada, wo mir vor fast 20 Jahren dieselbe Frage gestellt wurde. Ich antwortete: »Die Forschung

---

* **Johannes, 14,2** In meines Vaters Haus sind viele Wohnungen. Wenn's nicht so wäre, hätte ich dann zu euch gesagt: Ich gehe hin, euch die Stätte zu bereiten?

** **Johannes 14, 10b** Die Worte, die ich zu euch rede, die rede ich nicht von mir selbst aus. Und der Vater, der in mir wohnt, der tut seine Werke. **11** Glaubt mir, dass ich im Vater bin und der Vater in mir; wenn nicht, so glaubt mir doch um der Werke willen.

*** **Johannes, 14,12** Wer an mich glaubt, der wird die Werke auch tun, die ich tue, und er wird noch größere als diese tun, denn ich gehe zum Vater.

**** **Matthäus 17, 20b** Wenn ihr Glauben habt wie ein Senfkorn, so könnt ihr sagen zu diesem Berge: Heb dich dorthin!, so wird er sich heben; und euch wird nichts unmöglich sein.
(Lutherbibel 1984, dt. Bibelgesellschaft)

hat gezeigt, dass das der beste Weg ist, um die Affirmationen zu formulieren. Dabei finde ich es auch interessant, dass es sich um die Aussageform von ›Ich bin‹ handelt.« Dann sprachen wir über Gebete. Die alten Texte werden oft falsch interpretiert. Das Wort *fragen*, müsste, wenn es richtig übersetzt worden wäre, *erklären* lauten. Erklären bedeutet etwas zu erschaffen und nicht, um etwas zu bitten. In unserem Gespräch sind wir ausgiebig um die Welt gereist und haben viele Religionssysteme untersucht. Wie sind übereingekommen, dass alle großen, lebendigen Religionen in ihrem Kern die *Liebe* lehren, ganz gleich, ob es durch Rückgriff auf das Christusbewusstsein oder auf die Buddhanatur geschieht, ob es auf Schriften wie den Upanishaden oder der Bibel beruht, ob es Laotse oder Zarathustra gesagt hat. Es wurde nicht gelehrt, dass man als unvollkommen erschaffenes Geschöpf leiden muss und um Erlösung und dergleichen zu betteln hat. Nein, im Gegenteil, der GOTT im Inneren hat alle mit der Fähigkeit ausgestattet, Wunder zu vollbringen, wenn sie denn zumindest Glauben in der Größe eines winzigen Senfkorns hätten.

Zu diesem Zeitpunkt leuchteten im Geist meines neuen Freundes die Lichter auf. »Oh ja, jetzt verstehe ich. Wenn man die Menschen auch nur indirekt lehrt, zu leiden, dann geht man davon aus, dass Leiden für einen selbst und alle anderen normal sei. Kein Wunder, dass ich mich immer schuldig gefühlt und geschämt habe.«

Er hat seitdem in seinem Leben einige bemerkenswerte Veränderungen vorgenommen. Weiterhin hilft er Menschen, doch jetzt ermutigt er sie dazu, sich selbst zu helfen. Durch Vergeben, durch das Loslassen von Schuldgefühlen, Schuldzuweisungen und damit auch von Scham lehrt er heute über die unendliche Kraft im Inneren. All dies fängt damit an, die Verantwortung für alles zu übernehmen, was in unserem eigenen Leben geschieht.

Sie wurden nicht unvollkommen erschaffen, um Angst vor der Welt oder vor irgendetwas anderem zu haben. Sie sind, wie Dr. Dyer schreibt »eine lebendige Erfahrung Gottes.«

Als ich die Botschaften des Vergebens in unserem Programm den Gefängnisinsassen vorschlug, kam einige Besorgnis auf. Vergeben klingt schließlich fast so ähnlich wie Gnade. Verantwortung übernehmen, das ging ja noch, aber vergeben? Vergeben, vergessen, loslassen – was heißt denn das?

Eines Abends war ich gerade in meinem Hotelzimmer, als mein Gastgeber mir mitteilte, dass gerade ein Herr aus Singapur eingetroffen sei, um meinen Vortrag zu hören. Angeblich hätte ich ihn bei seiner Arbeit inspiriert, deshalb wollte er mich kennenlernen. Also verabredeten wir uns und ich begegnete Dr. Mel Gil, einem wunderbaren Mann mit einem grandiosen Sinn für Humor. Dinge, in denen man gemeinhin Hindernisse sehen würde, nutzte er für die persönliche Ermächtigung. Er gab mir eine Kopie seines Buches *Uncommon Sense*, was etwa so viel heißt wie »Nicht alltägliches Alltagswissen«. Noch am selben Abend las ich das Buch, in dem ein Kapitel »Vergeben oder vergessen« heißt. Mel verwendete eine wunderbare Metapher, die uns hilft, die Kraft besser zu verstehen, die Vergebung haben kann. Wenn wir ver*geben*, »wem (ver-)*geben* wir denn etwas, außer uns selbst ...«. Zumal auch vergessen nicht mit verlieren gleichgesetzt werden darf, heißt es sinngemäß weiter. Vielmehr gewinnen wir, wenn wir vergessen. Und was gewinnen wir dadurch, dass wir anderen Menschen etwas vergessen? Nun, wir gewinnen Freiheit.

Die Großartige Ich-bin-Präsenz hat uns bereits vergeben, denn wie in dem Buch *Ein Kurs in Wundern*[36] betont wird, ist und war unser wahres Ich, das Christusbewusstsein, die Essenz unseres Selbst, seit jeher vollkommen, genau so, wie es erschaffen wurde. Diese Wahrheit müssen wir nur akzeptieren und dann wird sich alles ändern. Oder wie in der Parabel vom verlorenen Sohn: Kehren Sie zum Vater und in sein Haus zurück, bzw. erkennen Sie beide als die, die sie sind, und alles wird vergeben sein.

Das Leben ist ein Lernprozess. Und unsere Fehler sind die Unterrichtsstunden. Daran zu denken und daran, wer Sie wirklich sind, kann zum Erwachen führen. Es gibt eine Geschichte über Buddha, die diesen Punkt verdeutlicht. Eines Tages ging Buddha einen Weg entlang, als er auf dem Pfad einen weiteren Wanderer traf. Der Reisende warf sich ihm zu Füßen und rief aus: »Ihr müsst Gott sein!« Buddha antwortete: »Nein, ich bin nicht Gott.« Doch der Reisende ließ nicht locker: »Dann müsst ihr zumindest ein Halbgott sein!« Wieder antwortete Buddha: »Nein, steh bitte auf. Ich bin weder Gott noch ein Halbgott.« Der Reisende war verwirrt und fragte nunmehr: »In Ordnung, dann sagt mir aber bitte: Wer seid Ihr?« Buddha antwortete: »Ich bin nur erwacht.«

Diese Geschichte erinnert mich immer an das herrliche Buch *Letters to Strongheart*. Strongheart* war eines der ersten Tiere, die Filmstars wurden. Der deutsche Schäferhund Strongheart spielte als Erster einen wirklichen Hunde-Helden im Film. Als er starb, schrieb sein Hundeführer, J. Allen Boone ein Buch, das imaginäre Briefe an Strongheart und dessen Antworten aus dem Jenseits enthielt. Soweit ich mich erinnere, bemerkte Strongheart in einer seiner Antworten: »Welch ein entsetzlicher Anblick es doch ist, Gesichter zu sehen, die genauso unvollständig sind wie der Geist.« Mel Gil hat in seinem Buch *Uncommon Sense* zwölf Arten benannt, auf die Menschen sich vor ihrer Verantwortung drücken. In Form von Aussagen sind es folgende:

---

* Strongheart war ein deutscher Schäferhund, der in den 1920er-Jahren in die USA gebracht wurde und der in sechs Filmen mitwirkte. 1929 verletzte er sich bei Dreharbeiten und starb. In der Folge wurde ihm ein Stern auf dem Walk of Fame gewidmet.

1. Ich werde es versuchen
2. Wenn ____, dann ___!
3. Das habe ich vergessen!
4. Das ist nicht meine Schuld.
5. Ich hatte keine andere Wahl.
6. Ich kann nicht.
7. Ich hatte keine Kontrolle darüber.
8. Ich werde erst einmal abwarten und weitersehen.
9. Ich weiß es nicht!
10. Dafür bin ich nicht zuständig.
11. So bin ich nun einmal.
12. Das hat mir niemand gesagt.

Etwas zu versuchen, heißt nicht, es auch zu tun

Bei all diesen Aussagen handelt es sich um Ausreden. Etwas zu vergessen, heißt schlicht, dass es für mich nicht wichtig genug war, um es mir aufzuschreiben oder mich anderweitig daran zu erinnern. »Es ist nicht meine Schuld« ist eine andere Art der Schuldzuweisung und ein Umgehen der persönlichen Verantwortung. »Ich hatte keine Wahl.« Was heißt das? – Man hat immer die Wahl. »Ich kann nicht.« Nur wenn man glaubt, dass man etwas nicht kann, dann gelingt es einem bestimmt nicht. Das Fazit lautet: Sie können und Sie sind stark.

In Ihrem Inneren liegt ein absolut erstaunliches Potenzial. Sie verdienen Dinge und Sie sind ihrer würdig. Ihr Leben beginnt in jedem Augenblick aufs Neue. Es ist nie zu spät und es ist immer richtig, nach dem eigenen höchsten Potenzial zu streben. Es geht nur darum, einige alte Sichtweisen zu ändern. Vielleicht wird Ihnen, wie auch mir, eine Methode wie InnerTalk® helfen, diese alten, negativen Überzeugungen über Ihr Selbst loszuwerden. Was auch immer Ihr Pfad und Ihre Methode sein mögen, Sie sind ein Wunder und Sie verdienen es, glücklich zu sein. Sie sind zum Lernen da, nicht zum Leiden. Sie sind ein Geschenk des Göttlichen und Sie wurden nicht mangelhaft erschaffen. Es gibt nichts, wofür Sie sich schämen müssten. Die Scham ist ein Werkzeug der Schuld. Scham kann eingesetzt werden, um Sie zu kontrollieren und Sie zu zwingen, Ihr wahres, höheres Selbst zu verleugnen.

Alles, was Sie in der Vergangenheit getan haben, ist eine Lektion, und wenn Sie das verstehen, wenn Sie sich selbst und allen anderen vergeben und sich nur zum Besten verpflichten, zu dem Sie in der Lage sind, dann wird der Rest automatisch für Sie erledigt. Die Gaben wurden schon verteilt, Sie brauchen sie nur noch anzunehmen. Noch einmal: Sie haben allemal die Macht und die Fähigkeit, Frieden, Ausgeglichenheit und Harmonie in Ihrem Leben zu verwirklichen. Sie sind stark und fähig genug dazu, wenn Sie nur daran glauben.

Jeder von uns ist nur ein Tropfen im sprichwörtlichen Ozean des Seins

Prozesstheologen verwenden eine Metapher oder Analogie, wenn sie von der Menschheit und dem Schöpfer sprechen. Ebenso wie jede Zelle in Ihrem Körper irgendeine Art Bewusstsein hat, können Sie, indem Sie sich der Zellen bewusst sind und sie lieben, sich selbst als Person heilen und schützen. Analog dazu stellen Sie und ich und alle anderen Wesen Zellen im Körper des Schöpfers dar. Unser Schöpfer ist sich über einen jeden von uns bewusst und er liebt uns alle; wir müssen uns dessen nur bewusst sein und bereit sein, die kreativen Kräfte, die uns durch den Akt der Schöpfung verliehen wurden, liebevoll miteinander zu teilen. Schalten Sie Zweifel, Angst, Scham, Schuld, Schuldzuweisungen usw. aus und nehmen Sie Ihr wahrhaftiges Geburtsrecht wahr. Überschreiben Sie Ihre alten Denkmuster und ersetzen Sie sie durch positive, liebevolle Gedanken voller Akzeptanz und Dankbarkeit. Horchen Sie tief in Ihr Inneres und hören Sie, ob Ihnen das nicht vertraut erscheint und so wahr klingt, als ob Sie es schon immer wussten – durch ein Wissen, das Sie immer hatten, das Ihnen vielleicht nur entfallen ist.

Im nächsten Kapitel werden wir uns ansehen, was uns auf unserer Reise der Selbstermächtigung erwarten kann, sowohl an Belohnungen als auch an Enttäuschungen, doch lassen Sie mich erst noch eine Geschichte zum Thema »Kampf« erzählen. Sich persönlich zu verbessern oder zu wachsen, beinhaltet Veränderungen, und die können auch Kampf bedeuten. Ich erinnere mich an ein nettes kleines Buch, in dessen Titel es hieß: »Das Leben war nie als Kampf gedacht.« Vielleicht stimmt das auch aus einer gewissen Perspektive, doch für die meisten von uns sind jeweils die Kämpfe das, woran wir wachsen. Wie der Stahl im Hüttenwerk, der bei der Wärmebehandlung durch Erhitzen, Abkühlen, Erhitzen usw. gehärtet wird, gewinnen wir durch unsere Kämpfe an Kraft. Von daher ist Kampf nichts Schlechtes, wir sollten ihn vielmehr mit Wachstum gleichsetzen, und wenn wir die Kämpfe unseres Lebens so betrachten, dann lassen sie uns auch reifen. Hier nun die Geschichte:

> Es war einmal ein Wissenschaftler, der von der Pracht eines Großen Nachtpfauenauges so angetan war, dass er sich entschied, dieses Geschöpf näher zu untersuchen. Mehr als ein Jahr lang beobachtete er die Aktivitäten dieses riesigen Nachtfalters.
>
> Eines Tages fand er eine Raupe, die gerade reif dafür war, ihren Kokon zu spinnen. Er fing die Raupe vorsichtig

ein und nahm sie mit in sein Labor. Er beobachtete die Raupe, wie sie in einem Glasbehälter ihren Kokon spann, und dann in den Zustand des Tiefschlafs eintrat. Während ihrer Metamorphose im Kokon veränderte sie ihre Gestalt, dass sie nicht mehr zum Kriechen am Boden, sondern zum Fliegen am Himmel taugte.

Bald nahte der Tag, an dem die Raupe ihren Kokon verlassen konnte. Der Wissenschaftler beobachtete besorgt, wie sich der winzige Kopf durch den Kokon hindurch ans Laborlicht fraß. Das Tier kämpfte und kämpfte und schien nichts zu erreichen. Sein Körper war einfach zu groß für das kleine Loch im Kokon. Der Nachtfalter wurde müde und legte seinen Kopf zur Ruhe auf die Schale des Kokons. Nun fühlte der Wissenschaftler sich verpflichtet, dem winzigen Geschöpf zu helfen. Er fragte sich: »Wie konnte ich nur stundenlang hier stehen und dabei zusehen, wie dieser wunderschöne Nachtfalter Angst und Schmerz durchmacht? Wo ist nur mein Mitleid geblieben?«, fuhr er fort und nahm seine Pinzette und Schere, um den Kokon aufzuschneiden. Der Falter fiel mit schweren Missbildungen aus dem Kokon heraus und starb bald darauf.

Später entdeckte der Wissenschaftler, dass es genau der Befreiungskampf aus dem Kokon war, der die Flüssigkeiten im Körper des Nachtpfauenauges verteilte und der ihm seine aerodynamischen Fähigkeiten verlieh. Der Kokon drückte die Körperflüssigkeiten an Ort und Stelle und proportionierte den Falter beim Herauszwängen auf vollkommene Art und Weise. Das Aufschneiden des Kokons war zwar als Hilfeleistung gedacht, doch es hat den Falter getötet.

Kampf ist nichts Schlechtes

Diese Geschichte hat mehr als nur eine Moral. Manchmal führt das, was eigentlich nach Kampf aussieht, wirklich zu einer Besserung und manchmal macht das, was nach Hilfe aussieht, alles nur schlimmer.

Schließlich ist es an jedem Einzelnen von uns, das Beste aus seinem Leben zu machen. Für mich bedeutet das, glücklich zu sein, und das beginnt mit Eigenverantwortung. Denken Sie daran, Sie sind nicht für alles in Ihrer Welt verantwortlich, doch Sie sind definitiv für Ihr eigenes inneres Umfeld verantwortlich. Lassen Sie uns nun, wie versprochen, einen Blick auf Veränderungen werfen.

Das Böse triumphiert allein dadurch,
dass gute Menschen untätig bleiben.
Edmund Burke

12. Kapitel

Die Veränderung

Veränderung ist wohl das begehrteste Ziel im Leben. Wenn wir nur mehr Geld, eine bessere Ausbildung, weniger Verpflichtungen hätten; wenn wir nur abnehmen oder das Rauchen aufgeben könnten; wenn wir nur beliebter wären und mehr Freunde hätten usw., dann wäre das Leben perfekt. Veränderung kann eventuell auch die beängstigendste Erfahrung sein, die wir überhaupt machen können. Veränderung heißt, etwas aufzugeben, ein paar Überzeugungen, ein paar Gewohnheiten, ein paar Muster und vielleicht noch einige andere Dinge. Sich von Grund auf zu verändern, kann auch ein großes Risiko darstellen.

Echte Veränderung bedeutet oft, dass wir uns von Bekannten lösen, die andere Überzeugungen haben, wie beispielsweise unsere Besitzer der Unglücks-Glückskekse. Das liegt nicht so sehr daran, dass wir uns von ihnen abwenden, sondern dass sie uns fallen lassen, denn wir bieten ihnen keinen Zufluchtsort mehr, an dem Sie ihre »Kekse« bedenkenlos mit uns teilen können. Es gibt auch reichlich Pessimisten. Genau wie die schlauen Hühner im Hühnerstall werden sie uns erzählen, dass all unsere Vorhaben Unfug seien. Wie die meisten Angriffe dienen sie dazu, Gefühle von Unsicherheit oder Zweifel und sogar Dummheit auszulösen. Es gibt ein Buch, in dem behauptet wird, dass die meisten Bemühungen um Selbsthilfe nur dazu führten, den Menschen ihr Geld und ihre Achtung zu rauben. Das Buch von Steven Salerno heißt SHAM*: *How the Self-Help Movement Made America Helpless*, auf deutsch so viel wie »Schwindel: Wie die Selbsthilfebewegung Amerika hilflos gemacht hat«. Ich habe den Autor über eine Veranstaltung zum Thema Absatzförderung berichten hören, die er besucht hatte und bei der nur Verkäufer von ein und derselben Firma anwesend waren. Salerno kritisierte den Motivationstrainer mit der Begründung, dass er zu Beginn seiner Rede jedem im Publikum erklärt hatte, dass jeder Einzelne im kommenden Jahr der Verkäufer Nummer eins werden könnte. Dies sei aus logischer Sicht absurd, versicherte er, denn wie könnten alle in ein und derselben Firma die Nummer eins werden? Halten Sie einmal inne und denken Sie einen Moment darüber nach. Glauben Sie wirklich, dass entweder die Verkäufer oder der Motivationstrainer unter dieser Äußerung etwas anders verstanden haben könnten, als die Tatsache, dass jeder Verkäufer im Raum *fähig sei*, die Nummer eins zu werden? Ich glaube nicht. Aus der Sicht Salernos habe ich mir – zumindest oberflächlich betrachtet – noch viel mehr zuschulden kommen lassen, denn ich habe behauptet, dass wir bei allem gewinnen können.

Wir können bei allem gewinnen!

Jetzt werden Sie vielleicht sagen: »Wie ist es möglich, bei allem zu gewinnen?« Die Antwort ist einfach, doch sie schließt auch die Frage ein, wie wir Gewinnen und Verlieren definieren. Lassen Sie mich diesen Punkt gleich von Anfang

* SHAM ist zugleich die Abkürzung für den feststehenden Begriff: Self-Help and Actualisation Movement, also Selbsthilfe- und Selbstverwirklichungsbewegung

an klarstellen. Wir verlieren, wenn wir uns hängen lassen! Wir können im eigentlichen Sinn nur dann gewinnen, wenn wir unser Bestes geben! Unser Bestmögliches erfordert Verbindlichkeit, Mut, Hingabe, Zielstrebigkeit, Konzentration und mehr. Unter all diesen Attributen versteht man im Wesentlichen Charakter.

Ein Freund von mir sagt: »Gewinnen basiert auf Charakter.« Dieser Freund heißt Phil Porter und besitzt den 9. Dan, das heißt, er ist Schwarzgurtträger im Kampfsport. Außerdem ist er Luftwaffenmajor im Ruhestand und Coach für viele Olympiateilnehmer. Er fügt seiner Aussage hinzu: »Charakter ist einfach die Kombination aller Tugenden, die Grundlage des Lebens sind.«

Charakter ist ein Kennzeichen großer Champions. Charakter entwickelt man. Charakter erfordert, dass man sich ernsthaft bemüht, nach einem Verhaltenskodex zu leben, zu denken und zu handeln, der Ehrlichkeit und Integrität in allen Angelegenheiten vorschreibt. Es gibt keine Handlung, die größere Aufrichtigkeit erfordert, als Abstand zu nehmen und zu sagen: »Ich weiß, dass ich mein Bestes gegeben habe!« Ehrlichkeit sich selbst gegenüber kann eine der schwierigsten und doch lohnenswertesten Charaktereigenschaften sein, die ein Mensch überhaupt entwickeln kann. In diesem Zusammenhang sagte schon Pythagoras: »Noch vor allen anderen Dingen, mögest du dich selbst erkennen!«

Worte und Binsenweisheiten können interessant sein. Als ich noch sehr jung war, haben mich die Worte »alle Menschen sind gleich« verwirrt. Was um alles auf der Welt sollte das bedeuten? Jedes Kind konnte doch sehen, dass in Wirklichkeit nicht alle Menschen gleich waren. Die Erwachsenen, ernsthaft bemüht, meine Verwirrung über dieses alberne Thema aufzulösen, gaben mir viele Antworten. Normalerweise erklärten sie so etwas Ähnliches wie: »Vor Gott sind alle Menschen gleich.«

Obwohl diese Antwort recht tröstlich war, habe ich sie nicht als in jeder Hinsicht »richtig« abgespeichert. Eines Tages fasste man mir gegenüber die Antwort dann in etwas andere Worte. Das klang in etwa so: »Stell dir mal einen Raketenbauer vor, der nach langer Arbeit eine interstellare Raumsonde startet. Stell dir vor, wie stolz er auf diese Leistung ist. Stell dir jetzt einen sogenannten Hilfsarbeiter vor. Er schrubbt und poliert stundenlang auf allen vieren den Fußboden. Er hat so hart und voller Stolz gearbeitet, dass er sich seine Fingerknöchel wund gescheuert hat. Jetzt tritt er einen Schritt zurück und betrachtet sein Werk: Jeder Quadratzentimeter des Fußbodens ist blitzblank. So gut sah er noch nicht einmal aus, als er neu war. Jetzt überleg einmal,« sagte man mir weiter, »welcher der Männer den größeren Stolz empfindet, der Raketenbauer oder der Hilfsarbeiter?«

Obwohl ich noch sehr jung war, fand ich die Frage leicht zu beantworten. Wenn beide Männer ihr Allerbestes gegeben haben, sich dessen bewusst waren und mit ganzem Herzen, Geist und ganzer Seele bei der Arbeit waren, dann dürften beide gleich stolz auf ihre Leistung sein. Sollten sie aber von ihrem persönlichen Bestmöglichen Abstriche gemacht haben, dann vermindert sich der Stolz auf ihre Leistung genau in demselben Umfang.

In der heutigen Zeit kann Veränderung auch bedeuten, dass man seinen Ruf und seinen Lebensunterhalt aufs Spiel setzt. Ist es beispielsweise unwissenschaftlich, eine spirituelle Komponente in die Wissenschaft einzubringen? Ich denke nicht.

Ich wurde für einige meiner Arbeiten persönlich angegriffen und ich weiß aus erster Hand, dass wir zumindest vorübergehend merken, dass wir ganz allein dastehen, wenn wir uns außerhalb der bestehenden Normen bzw. des Establishments bewegen. Ich habe aber auch das Glück, viele

Menschen zu kennen, die mir zur Seite standen und meine Arbeit selbst in der schwärzesten Stunde unterstützten. Inzwischen ist die Wirksamkeit der Technologie und der Methoden, die ich hier vorgestellt habe, um die inneren Überzeugungen eines Menschen zu ändern und die als InnerTalk® bekannt sind, in Dutzenden von Studien nachgewiesen worden. Heute ist der Zusammenhang von Körper, Geist und Seele so anerkannt, dass es absurd wäre, ihn abzustreiten. Doch jedes Mal, wenn mich jemand bittet, ihm einen Gesundheits-Profi zu nennen, der ihn ganzheitlich behandelt, fällt mir auf, wie dünn solche Profis gesät sind. Und dann denke ich immer an Dr. Christian Enescu.

Dr. Enescu ist ein bekannter Neurologe in New Jersey und ich habe das große Vergnügen, ihn zu kennen. Statt über ihn zu berichten, werde ich ihn mit eigenen Worten seine Geschichte erzählen lassen, die er uns bei einem Interview schilderte. Meine Frau Ravinder hat das Interview geführt und die einleitenden Zeilen dazu geschrieben.

Seit mehreren Jahren empfiehlt Dr. Enescu nun schon seinen Patienten das InnerTalk®-Programm und meldet sich in regelmäßigen Abständen mit einigen erstaunlichen Geschichten darüber bei uns. Wir sind ganz begeistert, dass er dieses Interview in seinen engen Terminkalender einbauen konnte.

Warum haben Sie sich entschlossen, Arzt zu werden?
Mathematik war mein bestes Fach in der Highschool und damals hatte ich auch vor, Mathematiker oder Ingenieur zu werden. Doch in meinem letzten Highschool-Jahr sagte mir eine »innere Stimme«, dass ich einen Beruf wählen sollte, in dem ich Menschen »helfen« konnte. Aufgrund dieser »inneren Stimme« habe ich die Medizin zu meinem Berufsziel gemacht.

Wo wurden Sie ausgebildet?
Ich habe 1983 in Bukarest mein Medizinstudium mit Auszeichnung abgeschlossen. Sechs Jahre später ging ich für ein knappes Jahr nach Griechenland, wo ich in der Forschung arbeitete. 1990 kam ich in die USA und arbeitete in Kalifornien als wissenschaftlicher Mitarbeiter in der Neurologie-Abteilung des City of Hope Medical Center. Dann absolvierte ich ein Praktikumsprogramm für Ärzte am Brookdale University Center in Brooklyn, New York. Anschließend ging ich zur Ausbildung in Neurologie an das St. Vincent Hospital nach Manhattan.

Warum sind Sie Neurologe geworden?
In dem Jahr, das ich in Griechenland verbrachte, hatte ich die besondere Ehre, den bekannten griechischen Neurologen Spyros Skarpalezos kennenzulernen. Wir verbrachten viel Zeit damit, über Neurologie zu diskutieren. Während meines ersten Jahres als Assistenzarzt traf ich dann einen weiteren Neurologen, Miran Salgado, der mir den spirituellen Aspekt der Neurologie erklärte. Wissen Sie, die Neurologie beschäftigt sich unmittelbar mit dem Gehirn, Gehirn und Geist sind untrennbar miteinander verbunden und der Geist spielt bei jeder Form von Heilung eine wichtige Rolle. Von daher konnte ich den Menschen als Arzt zwar helfen, aber als Neurologe konnte ich eventuell noch zusätzlich entdecken, wie meine Patienten ihren Geist einsetzen konnten, um zu ihrer Heilung beizutragen. Die Neurologie erlaubt es mir nicht nur, zu verstehen, wie das Gehirn meines Patienten funktioniert, sondern sie gibt mir auch die Möglichkeit, Studien über mein eigenes Gehirn zu betreiben.

Wie haben Sie zum ersten Mal etwas von InnerTalk® erfahren?
Während meines ersten Jahres als Assistenzarzt war mein Leben stressig, zu stressig. Ich musste Wege finden, um

mich zu entspannen und um meinen Erholungsprozess zu beschleunigen, damit ich besser funktionieren konnte. Ich recherchierte im Internet und stieß auf InnerTalk®. Was ich las, überraschte mich. Sollten die Informationen wirklich stimmen, dann musste InnerTalk® für die ganze Menschheit wirklich wichtig sein. Selbstverständlich musste ich diese Technik ausprobieren. Die ersten Programme, die ich testete, waren *I am Relaxed* (Ich bin entspannt)*, *Using Both Halves of the Brain* (Beide Gehirnhälften benutzen) und *Synchronicity* (Synchronizität). Ich stellte fest, dass ich vorher von Entspannung keinerlei Ahnung gehabt hatte. Die InnerTalk®-Programme halfen mir, mich tiefer zu entspannen und sie brachten mir einen viel größeren Ausschnitt der Realität zu Bewusstsein. Meine InnerTalk®-Programme wurden zu meiner persönlichen Oase der Ruhe. Ich machte weiter, kaufte noch mehr Programme und profitierte von ihnen allen.

Welche Vorteile hat ihnen InnerTalk® gebracht?
Ich bin ein eifriger Leser und habe einiges über tiefere Stadien der Entspannung gelesen, die dazu führen, dass man sich der Realität intensiver bewusst wird, doch es ist mir selbst nie gelungen, das zu erreichen. Mit InnerTalk® war ich endlich in der Lage, etwas in die Tat umzusetzen, das ich nur vom Hörensagen kannte. Dann machte ich mich daran, spirituellere Programme zu erkunden. Wissen Sie, bevor ich InnerTalk® benutzt habe, war ich ein erfolgreicher Arzt, doch mein Leben hatte weder Tiefe noch eine wirkliche Bedeutung und ich hatte keinerlei spirituelle Verbindung. Ich hatte das Gefühl, dass es im Leben noch etwas anderes geben

---

* Bei den Titeln, hinter denen die Übersetzung in Klammern steht, handelt es sich um die CDs, die es nur auf Englisch gibt. Wenn, wie es bei späteren Nennungen vereinzelt der Fall ist, die CD auch auf Deutsch erhältlich ist, wird nur der deutsche Titel genannt. Insgesamt gibt es von den mindestens 400 amerikanischen Titeln 24 auf Deutsch.

müsste, irgendetwas fehlte. Seit ich InnerTalk® verwende, hat sich mein Leben drastisch verändert. Ich habe neue Freude am Leben gefunden und mein Leben ist zu einem faszinierenden Abenteuer geworden, wie ein riesiges Puzzlespiel, bei dem ein Teil nach dem anderen an die passende Stelle kommt.

Bei meiner Arbeit bemerkte jeder die veränderte Botschaft, die ich meinen Patienten nunmehr überbrachte. Obwohl sie nach wie vor wichtig ist, geriet die finanzielle Seite meiner Arbeit gegenüber der täglichen Suche nach Wegen, um den Geist meiner Patienten zu erwecken, vollständig in den Hintergrund. Meine Bestimmung als Arzt lag nicht nur darin, erfolgreich zu sein, sondern auch darin, den Menschen wirklich zu helfen, und heute habe ich das Gefühl, genau das zu tun.

Wann und wie haben Sie denn angefangen, Ihre Patienten mit InnerTalk® vertraut zu machen?
Es hat mir persönlich so viel Gewinn gebracht, mich mit InnerTalk® zu beschäftigen, dass ich auch meine Patienten über dieses wunderbare Werkzeug informieren wollte. Natürlich wird dies vom etablierten Gesundheitssystem, das in erster Linie sich selbst erhalten möchte, nicht gefördert. Man erwartet von Ärzten, dass sie ausschließlich Medikamente verschreiben. Von allen alternativen Heilmethoden wird abgeraten. In meinem Fall habe ich meinen Patienten zunächst die neurologische Standardbehandlung zuteil werden lassen und dann habe ich ihnen angeboten, sich meine Einsichten zum Thema Heilung durch den Geist anzuhören. Ich hatte bereits bei einigen meiner Patienten die Beobachtung gemacht, dass optimistische Patienten einfach schneller wieder gesund wurden und dass sich der Zustand bei depressiven Patienten oft verschlechterte, ganz gleich, mit welchen Therapieformen sie behandelt wurden.

Hinter meinem Schreibtisch hängt ein großes Schild, auf dem meine Patienten lesen können: »Tag für Tag geht es mir in jeder Hinsicht besser und besser.« Bei jeder Untersuchung sorge ich dafür, dass ich im Hintergrund ein InnerTalk®-Programm mit sanfter Musikbegleitung abspiele. Meine Patienten fühlen sich dann entspannter und ich erkläre ihnen, wie wichtig es ist, sich in einer heilsamen Umgebung aufzuhalten. Dann erläutere ich die Rolle des Geistes bei der Selbstheilung. Das Schild hängt aufgrund der Erkenntnisse eines französischen Hypnotiseurs an meiner Wand. Er hat herausgefunden, dass sich die körperliche Gesundheit bei Patienten, die diese Affirmation jeden Abend wiederholten, besserte, während die Kontrollgruppe davon nicht profitieren konnte. Ich erzähle allen meinen Patienten von dieser und anderen Studien dieser Art. Dann erkläre ich ihnen, dass InnerTalk® eines der stärksten Mittel ist, um Zugang zu der Kraft des eigenen Geistes zu finden. Die meisten Menschen haben keine Vorstellung davon, welch eine starke Kontrolle der unbewusste Geist über ihr Leben hat.

»Tag für Tag geht es mir in jeder Hinsicht besser und besser.«

Es gibt einige ältere Menschen, die vielleicht aufgrund ihrer nachlassenden geistigen Fähigkeiten für solche Ideen nicht aufgeschlossen sind. Ihnen gegenüber gehe ich bei dem Thema nicht weiter in die Tiefe. Meist sind aber ihre Familienangehörigen ausnahmslos interessiert, also diskutiere ich mit ihnen. Tatsache ist, dass der Geist machtvoll und dazu imstande ist, den Körper zu heilen. Gesundheitsfürsorge ist Teamarbeit. Als Arzt kann ich Untersuchungen vornehmen und Medikamente verschreiben, doch der Patient muss die Verantwortung dafür übernehmen, eine positive Einstellung an den Tag zu legen, und seine Gesundheit selbst wiederherzustellen. Ich zeige allen meinen Patienten, wie sie geführte Traumreisen unternehmen können, in denen sie sich selbst als gesund sehen. Diese Technik ist preisgünstig, sie hat keinerlei Nebenwirkungen und sie ist unglaublich kraftvoll.

Bei allem, was ich meine Patienten lehre, erkläre ich ihnen, dass es wichtig ist, konsequent zu sein und Geduld zu haben. Manche Patienten sagen mir, dass sie diese neuen Techniken ausprobieren wollen, worauf ich erwidere, dass sie sie nicht »ausprobieren«, sondern »anwenden« sollen. Einige Patienten wollen genau wissen, wie schnell sie Ergebnisse dieser Techniken bemerken werden. Ihnen erkläre ich, dass alles davon abhängt, wie konsequent sie an sich arbeiten und wie regelmäßig sie die Programme anwenden. Ich empfehle ihnen, das Naturformat zu verwenden, wenn sie schlafen, und tagsüber so häufig wie möglich die Musik zu hören.

Wie ich es allen meinen Patienten sage, möchte ich auch Ihnen mitteilen, dass ich keinerlei finanziellen Anreiz dafür habe, mit Menschen über InnerTalk® zu sprechen. Ich tue das nicht für Geld, sondern weil ich an InnerTalk® glaube und an seine Fähigkeit, einen Zugang zu der Kraft des Geistes herzustellen.

Wie sprechen denn Ihre Patienten auf diese neuen Ideen an?
Einige Patienten sind sehr empfänglich für diese Ideen. Sie setzen alles von dem, was ich sie gelehrt habe, in die Tat um und es geht ihnen tatsächlich besser. Wenn sie sich dann bei mir für die erzielte Besserung bedanken wollen, muss ich ihnen erklären, dass es ihr eigenes Verdienst ist. Es ist die Kraft ihres Geistes, die zur Verbesserung ihres Gesundheitszustandes geführt hat.

Mitunter können Patienten auch Angst haben, sich einzugestehen, dass ihr Geist eine solche Kraft hat. Sie möchten sich einfach nicht mit der Möglichkeit befassen, dass sie fähig sein könnten, sich selbst zu heilen. Das einzuräumen könnte nämlich auch bedeuten, zuzugeben, dass sie diejenigen sind, die ihre Krankheit überhaupt erst erzeugt haben. Man muss sich selbst gegenüber ehrlich sein, bevor man Zugang zu der Kraft des eigenen Geistes bekommt. In diesen Fällen sage ich meinen Patienten, sie mögen auf Zeichen achten. Tatsache ist, dass wir alle in Situationen geraten, in denen das, was wir erwarten, auch wirklich geschieht. Wenn wir das Schlimmste erwarten, tritt genau das häufig ein. Wenn wir das Beste erwarten, dann wird uns auch das Beste zuteil. Ich empfehle den Patienten dann einige Bücher oder Filme, die ihnen helfen können, offener für die Ideen zu werden, die ich ihnen nahebringen möchte.

Für die meisten Menschen bedeutet das Leben so viel wie als Zuschauer ins Theater zu gehen. Wenn sie aber die Meditation erlernen, dann werden sie feststellen, dass sie selbst Bestandteil des Films sind und dass sie Einfluss darauf haben, wie ihre Geschichte weitergeht. Ich glaube, dass Meditation und spirituelles Bewusstsein uns allen dabei helfen können, ein viel erfüllteres Leben zu führen. Ich betone auch, dass es eine Sache ist, etwas über Spiritualität oder Meditation zu lesen, doch beides wirklich selbst zu erleben, ist etwas ganz anderes. Ich sage meinen Patienten, dass sie nicht nur darüber reden, sondern wirklich praktizieren sollen. Auf diese Weise können sie selbst Mitwirkende werden.

Ich muss jedoch auf das Tempo meiner Patienten Rücksicht nehmen. Manche Menschen sind für solch ein radikales Denken einfach nicht bereit. Diese Patienten behandele ich dann einfach nach »traditioneller« Methode und, obwohl ich auch ihnen helfe, kommen sie bei Weitem nicht in den Genuss der Vorteile, die andere Patienten haben.

Sie sehen die Spiritualität offensichtlich als wichtigen Bestandteil der Selbstheilung. Wie würden Sie diese Ideen einem Atheisten erläutern?
Viele wissenschaftliche Arbeiten haben die Kraft des Geistes nachgewiesen. In der Physik haben viele Versuche gezeigt, dass das Versuchsergebnis von den Erwartungen des Beobachters abhängt. Man kann die praktische Rolle des Geistes einfach nicht leugnen. Wenn jemand nicht an eine Höhere Macht glaubt, dann spreche ich ihn von einem wissenschaftlichen Standpunkt aus an. Die Studien über den Geist sind beliebig reproduzierbar und von daher völlig wissenschaftlich. Da fällt es mir auch nicht schwer, meinen Denkansatz von der Mystik auf exakte Wissenschaft zu verlagern.

Welchen Rat können Sie unseren Lesern geben?
Glauben Sie nicht mir, glauben Sie nur sich selbst. Wenn Sie erst einmal Ihren eigenen Beweis haben, kann Ihnen den niemand mehr wegnehmen.

Wie reagieren Ihre Kollegen auf Ihren Ansatz?
Mir war klar, dass ich etwas Richtiges tat, von daher machte es mir nichts aus, was meine Kollegen dachten. Sie hatten Angst, die Spiritualität in ihre Arbeit einzubringen. Sie haben Angst, neue Ideen einzuführen, weil sie scheitern könnten und sie dann vielleicht Patienten verlieren. Generell sind Ärzte finanziell recht gut abgesichert und wenn sie an InnerTalk® und die Kraft des Geistes glauben würden, dann wären sie gezwungen, sich zu verändern. Veränderung bedeutet, etwas zu riskieren, und Ärzte möchten im Allgemeinen nicht unbedingt ihre eigene Sicherheit aufs Spiel setzen. Nur sehr wenige Ärzte sind der Kraft des Geistes gegenüber aufgeschlossen. Ich hatte einige Patienten, die für diese neuen Lehren nicht offen waren und manche meiner Kollegen sagten, dass ich aufhören solle, sie zu verbreiten, da ich diese

Patienten verlieren könnte. Doch ich bin nicht Arzt geworden, um Patienten zu halten; ich bin Arzt geworden, um Menschen zu helfen. Wenn ich 60 Prozent meiner Patienten dazu bringen kann, etwas Verantwortung für ihre eigene Gesundheit zu übernehmen, dann ist das ein Erfolg! Es ist so, dass ich durch meinen Ansatz keineswegs Patienten verliere. Im Gegenteil, ich komme besser zurecht als vorher.

Gibt es Patientengeschichten, an denen Sie uns teilhaben lassen können?
Eine meiner Patientinnen kam zu mir, weil sie unter Migräne litt. Zehn verschiedene Ärzte haben ihr immer wieder dieselben Medikamente verordnet, doch sie halfen nie. Als sie zu mir kam, verschrieb ich ihr dieselben Tabletten. Diesmal wirkten sie. Sie war überrascht. Ich musste sie fragen, ob das möglicherweise nicht so sehr an den Medikamenten lag, die sie genommen hatte, wie an anderen Veränderungen, die ich sie gebeten hatte vorzunehmen. Dann schlug ich ihr vor, die Medikamente abzusetzen und mit den anderen subliminalen Praktiken fortzufahren.

Eine andere Patientin suchte mich auf, weil sie an multiple Sklerose litt. Ich sagte ihr, dass sie für ihre Genesung nicht nur Medikamente nehmen musste, sondern auch alles andere beachten sollte, was ich ihr nahegebracht hatte. Sie begann, sich mit folgenden Programmen zu beschäftigen: *Immunsteigerung, Selbstheilung, Depressionen* und *I am Relaxed* (Ich bin entspannt). Ich halte das Programm *Depressionen* für besonders wichtig. Patienten sind oft depressiv und rechnen damit, dass sich ihr Zustand verschlechtert. Ich glaube, dass Selbstheilung mit der Erwartung beginnen muss, dass man gesund werden kann. Diese Patientin gab sich große Mühe, alles umzusetzen, was ich sie gelehrt hatte. Sie versuchte sogar dann positiv zu denken, wenn es ihr kein bisschen besser ging. Schließlich zahlte sich das aus.

Sie benutzt keinen Gehstock mehr und sieht ihrer Zukunft optimistisch entgegen. Sie weiß, dass es ihr besser gehen wird und das sagt sie auch jedem. Sie fing sogar wieder an zu tanzen und ihre Lebensqualität verbesserte sich enorm. Jetzt spricht sie mit jedem über die Kraft des Geistes!

Ich beobachte auch bei Schlaganfallpatienten großartige Resultate. Einer meiner Patienten, dessen Schwachstelle die linke Körperhälfte ist, erlebte bedeutende Besserungen beim Laufen und Sprechen, nachdem er zusätzlich zu seiner »herkömmlichen« Behandlung InnerTalk® eingesetzt hatte. Sein Zustand besserte sich schneller als der von Patienten, die InnerTalk® nicht verwenden.

Auch bei Parkinsonpatienten erziele ich ähnliche Ergebnisse. Wenn sie InnerTalk® benutzen und gleichzeitig ihre Medikamente einnehmen, geht es ihnen schneller besser, ihr Zittern lässt nach und sie haben weniger Ängste.

Wer ist aus Ihrer Sicht offener für das Konzept der Kraft des Geistes, Ärzte oder Krankenschwestern?

Krankenschwestern sind definitiv offener für die Kraft des Geistes. Denn sie gehen mit den Patienten ganz praktisch um. Sie sehen, dass glücklichere Patienten schneller gesund werden. Sie hören, wie ich meinen Patienten die Kraft des Geistes erkläre, und das erscheint ihnen plausibel.

Ärzte beginnen dagegen erst nach einer sehr langen Ausbildung zu praktizieren, sie sind mental eigentlich schon erschöpft und wollen sich endlich entspannen. Daher sind sie weniger geneigt, sich auf noch eine andere Art der Ausbildung einzulassen, eine, die völlig anders ist: die Schulung in Spiritualität, obwohl das das Wichtigste sein könnte, was sie im Leben lernen.

Menschen in medizinischen Berufen stehen unter immer weiter zunehmendem Druck von Seiten der Krankenversicherungen und durch die Folgen, die Kunstfehler nach sich ziehen. Das System ist so komplex geworden, dass sich alle ihre Energien auf die materiellen Aspekte ihres Lebens konzentrieren. Darüber hinaus haben Ärzte noch nicht einmal eine klare Vorstellung davon, was Meditation überhaupt ist. Sie sehen in der Meditation einfach noch eine weitere Entspannungstechnik, genau wie mit Freunden und Familie am Pool einen Drink zu nehmen. Sie halten eine Schulung des Geistes nicht für wichtig. Sie haben keine Ahnung, was ihnen da entgeht.

Warum halten Sie denn Meditation für so wichtig?
Wir können keinerlei spirituelle Fortschritte machen, ohne uns intensiv mit Meditation zu beschäftigen. Meditation ist so viel mehr als bloße Entspannung, und Meditieren ist etwas anderes als Beten. Ich wurde als griechisch-orthodoxer Christ erzogen und ich glaubte stark an Gebete. Beten heißt für mich: »mit Gott zu sprechen«, während meditieren heißt: »Gott zuzuhören«. Die meisten Menschen wollen einfach keine Zeit damit verbringen, an so etwas Uneindeutigem zu arbeiten, doch die, die sich darauf einlassen, werden belohnt.

Meinen Sie damit, dass jeder mit den spirituellen Programmen arbeiten sollte, ganz unabhängig von seinem jeweiligen Hauptanliegen?
Die meisten meiner Patienten wollten sofort ganz bestimmte Ergebnisse erreichen, doch ich glaube, dass die wahre Lösung in der Spiritualität liegt. Deshalb benutze ich eine Mischung von Programmen, einige für ein ganz spezifisches Problem und andere, in denen es um Spiritualität geht. Auf diese Weise sehen meine Patienten einerseits sofort Ergebnisse, während sie andererseits an Langzeitlösungen arbeiten, die verhindern, dass ihr Problem erneut auftritt. Letzteres können wir nur erreichen, indem wir die Verbindung zwischen Körper und Geist wiederherstellen.

Gibt es noch andere Titel, die wir aus Ihrer Sicht in unser Programm aufnehmen sollten?
Ihre Bibliothek ist so umfangreich, dass ich immer ein Programm finde, das zu den Bedürfnissen meiner Patienten passt. Ich glaube, dass Sie Ihren Programmen nichts mehr hinzufügen müssen. Es ist aber nötig, dass wir mehr Menschen über diese Technik informieren. Ich glaube ernsthaft, dass InnerTalk® in der Lage ist, die menschliche Zivilisation zu verändern. Es ist so kraftvoll und wird so sehr gebraucht, dass es aus meiner Sicht in jedes Krankenhaus gehört. Die Ärzte kämen dadurch mit kürzeren Entspannungszeiten aus und die Patienten würden schneller wieder gesund. Es gibt niemanden, für den InnerTalk® nicht vorteilhaft wäre. Es ist wirklich ein Werkzeug zur Selbstverwirklichung und es ist die beste Investition, die man tätigen kann, zumindest was mich betrifft. InnerTalk® hat meine Familie, meine Patienten und mein Berufsleben verändert. Ich erzähle jedem von InnerTalk®, doch ich bin mir auch darüber im Klaren, dass ich nur Samen säen kann. Für deren Aufkeimen bin ich nicht verantwortlich.

Vielen Dank, Dr. Enescu. Ich bin sicher, dass unsere Leser, genau wie ich, das Interview mit Ihnen anregend, erhellend und lehrreich finden. Es wäre schön, wenn mehr Ärzte sich so sehr wie Sie dafür engagieren würden, ihren Patienten wirklich zu helfen. Ich für meinen Teil würde mich wohler dabei fühlen, zu einem Arzt zu gehen, der Ihrer Philosophie folgt.

Die Geschichten von all den Menschen in diesem Buch sind jeweils Beispiele dafür, wie wir uns selbst stärken können, wenn wir uns nur entscheiden, an die Kraft in unserem Inneren zu glauben. Der gemeinsame Nenner aller Geschichten ist eine einfache Wahrheit: Es kommt darauf an, an sich selbst zu glauben!

Es ist meine Hoffnung, dass Sie als Leser dadurch einen Einblick in das Wie, Was, Warum usw. von selbst auferlegten Begrenzungen erhalten haben. Ebenso wünsche ich mir, dass Sie einen Eindruck von Lösungswegen bekommen konnten, mit denen man diese Begrenzungen hinter sich lassen kann – wenn schon nicht für sich selbst, dann vielleicht für jemanden, der ihnen viel bedeutet.

Charakter kann man nicht in aller Ruhe
und Bequemlichkeit entwickeln.
Nur durch die Erfahrung von Versuchen
und Leid kann man die Seele stärken,
Ehrgeiz einwickeln und Erfolg erzielen.
Helen Keller

13. Kapitel

Zum guten Schluss

Es gibt ein paar Aussagen von weisen Menschen, an die ich immer mal wieder zurückzudenken versuche. Robert Schuller sagte einmal: »Es ist besser, etwas unvollkommen zu tun, als überhaupt nichts fehlerfrei zu tun.« Und Napoleon Hill bemerkte: »Sowohl Armut als auch Reichtum sind das Ergebnis von Gedanken.«

Es steht geschrieben, dass jeder von uns ein Geschenk Gottes ist und dass alles, was aus uns wird, davon abhängt, auf welche Art und Weise wir dieses Geschenk zurückgeben. Dabei erinnere ich mich an eine Zeile aus einer Szene in dem inspirierenden Roman von Angelina Heart, *The Teaching of Little Crow*, was zu deutsch so viel heißt wie »Die Lehren der kleinen Krähe«. In der Szene erlebt der Protagonist einen Moment der Erleuchtung, weil er verstanden hat, dass »jede Sache, die wir voller Segen und Liebe in die Welt hinausschicken, – seien es Gedanken, Gefühle, Worte, Taten oder Geld – zu uns zurückkommen und mehr von ihrer Art mit sich bringen wird.« Er macht eine Pause und sagt: »Kein Wunder, dass Jesus Christus uns gelehrt hat, unsere Feinde zu lieben. Was wir aussenden, muss also auch in vermehrter Form zum Schöpfer zurückkehren.«

In dem Film *Die Prophezeiungen von Celestine* gibt es eine wunderbare Szene, die meiner Meinung nach visuell im Film sogar noch besser dargestellt ist als im Buch. In dieser Szene offenbart sich die neunte Erkenntnis, nachdem diejenigen, die Energie empfangen, sie zurück an die Kraftquelle senden, von der sie sie erhalten haben. Durch diesen Austausch wächst die Energie exponentiell an. Wenn Sie sich diese Energie als die Energie der bedingungslosen Liebe vorstellen, die mit der Schöpfung beginnt und alles belebt, dann fällt es leicht, zu verstehen, wie sie sich dadurch verstärken kann, dass man sie zurück an ihren Ursprung sendet.

In seinem Buch *Restore Your Magnificence*, zu deutsch etwa: »Stelle deine Großartigkeit wieder her«, schreibt Dr. Joe Rubino, dass die Ursprünge von Selbstzweifeln häufig das Ergebnis von Fehlinterpretationen des Selbst oder von einem begrenzten Bewusstsein sind. Er schreibt:

»Fehlinterpretationen beschädigen das Selbstwertgefühl und steuern Ihr Leben. Freiheit entsteht daraus, Ihre Vergangenheit neu zu interpretieren: voller Mitgefühl für Ihre eigene Menschlichkeit und für die der anderen.«

In diesem Buch habe ich Ihnen sowohl ein bisschen von mir mitgeteilt als auch von dem, was ich gelernt, interpretiert und viele Male wieder neu interpretiert habe. Ich wurde in eine religiöse Familie hineingeboren. Ich arbeitete hart, ging jeden Sonntag in die Kirche, ich lernte und ich las das, was ich gelernt hatte, wieder nach. Als ich noch sehr jung war, wurde ich Priesteramtskandidat, doch viele Dinge ließen sich nicht mit der Logik, mit der Vernunft oder mit der Folgerichtigkeit der Glaubenslehre in Einklang bringen. Ich setzte meine Studien am Priesterseminar zwar fort, doch ich stellte schwierige Fragen. Mir fiel das ein, was mir einfallen sollte, damit ich schließlich die Prüfungen mit »sehr gut« abschließen konnte. Als jedoch die Noten für das Trimester verteilt wurden, stellte ich zugegebenermaßen schockiert fest, dass ich durchgefallen war. Doch ich war nicht kleinlaut und legte die Angelegenheit den akademischen Behörden vor und während der Durchsicht der Unterlagen wurde ich darüber informiert, dass die Note in »sehr gut« geändert werden würde, vorausgesetzt, ich würde nie wieder zurückkommen. Anscheinend war ich im Klassenraum zu einer störenden Kraft geworden.

Ich nahm mein »sehr gut« mit und verließ das Seminar. Ich wurde sehr bitter und zweiflerisch, wenn nicht gar atheistisch. Viele Jahre lang hatte ich Vergnügen daran, sogenannte theologische Gelehrte aufzumischen. Ich verlor mich völlig. Ich vergaß die Wunder in meinem Leben und fixierte mich auf die Unzulänglichkeiten institutionalisierter Religion. Dann kam das Erwachen, nicht auf einmal, sondern langsam, mit der Zeit. Zum Glück war das Universum geduldig. Plötzlich stellte ich fest, dass ich philosophische Beweisführungen für die Existenz eines Göttlichen Schöpfers schrieb und alle heiligen Schriften noch einmal las.

In den heiligen Schriften einer jeden lebenden Religion liegt jeweils eine Quelle der Wahrheit und die lautet mehr oder weniger folgendermaßen: »Was auch immer du dem Geringsten von ihnen zugefügt hast, das fügtest du dir selber zu.« Martin Luther King hat einmal gesagt: »Wir müssen lernen, entweder als Brüder miteinander zu leben oder als Narren unterzugehen.« Alle von uns leben in diesem Ganzen, in dem alles von allem abhängt. Möglicherweise wurden wir auf dem Hühnerhof auf unterschiedliche Weise erzogen, doch Tatsache ist einfach: Wir sind alle eins.

Ich hoffe, dass dieses Buch für Sie etwas Licht darauf geworfen hat, wie und warum wir unsere Erkenntnisse und Überzeugungen und damit unsere Realität begrenzen. Der Geist ist eine absolut fantastische Kraft und wir kennen noch nicht einmal sein ganzes Potenzial. Wir wissen, dass er den

Körper in vielerlei Hinsicht bestimmt und dass er unser liebster Freund und unser schlimmster Feind sein kann. Ich möchte Sie dazu ermutigen, was auch immer Sie aus diesem Buch herausgelesen haben, mitzunehmen und Ihre Fortschritte auf dem Weg, alles das zu werden, was Sie sein möchten, fortzusetzen. Ich würde Ihnen vorschlagen, alle Gedanken infrage zu stellen, die Ihr potenzielles Wohl und das der Gesellschaft begrenzen. Ich rate Ihnen auch dringend dazu, das Gute-Taten-Thema zu verfolgen, das ich bereits vorgestellt habe sowie die anderen Vorschläge zur Verbesserung Ihrer Lebensqualität zu überdenken.

Ich empfehle Ihnen ebenfalls wärmstens, zu meditieren. Die Meditation ist ein kraftvolles Werkzeug. Es geht im Grunde darum, ruhig zu werden und auf die kleine, leise Stimme in Ihrem Inneren zu hören: »Sei ruhig und wisse.« Meditieren ist einfach und es ist auch etwas Natürliches. Beginnen Sie, indem Sie ein leichtes Wort wählen und es einfach beim Ausatmen immer wiederholen. Schließen Sie einfach Ihre Augen, entspannen Sie sich, lassen Sie los und machen Sie Ihren Geist frei, indem Sie bei jedem Ausatmen so etwas wie »Frieden« wiederholen. Bald beruhigt sich der Geist und eine neue Sicht von Gefühlen und Gedanken wird offenbar. Wenn es darum geht, inneren Frieden und inneres Wissen zu erwerben, dann können die zahlreichen Kurse, Kassetten oder CDs, die es gibt, eine große Hilfe sein. Verwenden Sie sie ruhig, wenn Sie Zugriff darauf haben, doch suchen Sie, ob mit oder ohne Hilfsmittel, dieses seit jeher vorhandene Gefühl für das innere Wissen Ihres wahren Wesens, für die wahre Bedeutung und den Wert des Lebens. Kurzum, suchen Sie den »Frieden, der über das Begreifen hinausgeht«, denn dann wird Ihr höheres Selbst in Erscheinung treten.

Wir haben nun, zum Schluss, unser Modell zusammengefügt. Es ist unsere Bestimmung, anderen Dienste zu erweisen und nicht sie in Anspruch zu nehmen. Unsere wohligwarmen Gefühle schenken uns Frieden, Ausgeglichenheit, Harmonie und eine bessere Gesundheit. Wir erkennen, dass das Gute in allen Dingen wie ein Magnet funktioniert, der die richtigen Menschen und Dinge anzieht und in unser Leben hineinführt – einschließlich der liebenswertesten Beziehungen. Unser Wohlstand ist uns sicher, denn wir haben im Moment alles, was wir brauchen, und ironischerweise werden wir immer dann mehr bekommen, wenn wir nicht länger versuchen, einfach nur Geld zu verdienen. Wir geben voller Freude unser Bestes, ganz gleich, welche Aufgabe wir haben, und das wird nicht nur anerkannt, sondern auch belohnt. Wir sind keine bemitleidenswerten Geschöpfe, die hier sind, um zu leiden, sondern wir sind Geschenke unseres Schöpfers, denen wahrhaft mit-schöpferische Kräfte verliehen worden sind. Unser Glaube treibt unser Leben mit Optimismus und Energie voran und nicht mit einem Paket voller Unglücks-Glückskeksen im Gepäck. Wir geben, um zu geben, und nicht aufgrund von irgendeiner co-abhängigen Beziehung, auf deren Basis wir etwas zurückbekommen würden oder auf die eine oder andere Art Kontrolle ausüben könnten. Wir vergeben und lassen Schuldzuweisungen los. »Rache üben, oder dem noch zuvorkommen« gibt es nicht mehr. Wir übernehmen Verantwortung und verbessern uns (an jedem Tag unseres Lebens auf jede erdenkliche Weise).

Eines der wesentlichen Ergebnisse meiner Arbeit mit der InnerTalk®-Technik, das erwähnt werden sollte, ist, wie sie funktioniert. Doch erst noch eine kleine Abschweifung: Wenn bei Motivations-Veranstaltungen Schlussbefragungen durchgeführt werden, gibt die große Mehrheit der Teilnehmer an, dass das Ergebnis gut sei und viele versprechen, die neuen Werkzeuge und das Gelernte in ihr Leben einzubeziehen, sobald sie wieder zu Hause sind. Wenn wir diese Menschen aber einen Monat später erneut ansprechen, stellen wir fest, dass die meisten das, was sie gelernt haben, im Alltag gar nicht angewendet haben. Für dieses Scheitern gibt es immer vermeintliche Gründe. Einige sagen vielleicht: »Nun, ich habe noch einmal darüber nachgedacht und es passt einfach nicht zu meiner Persönlichkeit.« Andere behaupten, dass sie keine Zeit gehabt hätten. Einige sagen auch, sie hätten es versucht, doch es hätte nicht geklappt. Zu einem Großteil sind das Ausreden. Tatsache ist, dass wir Dinge einfach nicht tun, wenn unser innerer Geist (das Unbewusste) nicht an sie glaubt. Erinnern Sie sich noch an die Beschreibung der »Million Dollar« und Herrn Bill Gates? Weder unzählige Blitzlichter, noch glänzende Spiegel, keine laute Musik oder Hurra-Schreie sind imstande, das Unterbewusstsein zu überreden, seine Anpassungsmechanismen loszulassen. Wenn Sie also vor dem Spiegel stehen und sich gezielt Sätze vorsagen, mit denen Ihr Unterbewusstsein nicht übereinstimmt, dann ist es nur eine Frage der Zeit, bis Ihre Selbstbotschaften in Ihrem Inneren beginnen, diese Aussagen zu untergraben. Ähnlich wie in einem automatischen Regelkreis behaupten sich dann die alten Verhaltensweisen immer wieder aufs Neue und das ist, zumindest vorläufig, das Ende der gewünschten Veränderung.

Mit der InnerTalk®-Technik brauchen wir nur zuzuhören, und das können wir auch beim Fernsehen oder sogar im Schlaf tun. Dreißig Tage lang, eine Stunde täglich, und irgendwie scheint sich wie durch Zauberhand etwas zu ändern. Die Veränderung kann dramatisch sein und oft tritt sie früher ein als erwartet. Der Grund für diese scheinbare Zauberkraft, und das ist überhaupt nichts Magisches, liegt darin, dass die subliminalen Überzeugungen dem unterbewussten Geist ausreichend eingeprägt wurden, um dem Bewusstseinsstrom oder den Selbstbotschaften zu erlauben, die Affirmationen aus dem InnerTalk®-Programm widerzuspiegeln, und voilà: Die Veränderungen erscheinen ganz einfach.

Ich wurde oft gefragt, warum wir mehr als 400 Titel aufgenommen haben. »Versuchen wir, perfekte Menschen zu erschaffen?« Ich glaube, dass Sie – und jeder andere – bereits perfekt sind, wobei vermutlich viele noch schlummern oder noch nicht weit genug erwacht sind, um auf ihr göttliches Potenzial zugreifen zu können. Der Grund, warum wir so viele Titel haben, liegt darin, dass wir jeden dort abholen wollen, wo er gerade steht. Tatsächlich stammt eine der ursprünglich treibenden Kräfte für die Entwicklung der Titel aus den Gefängnissen, denn die Insassen wünschten sich Programme für Bodybuilding, Gewichtheben etc. Schön, dachte ich, aber wir werden auch die Vergebens-Botschaften und die Elemente für Selbstachtung und Verantwortung in alle Programme miteinbeziehen, und das taten wir auch. Mit anderen Worten befinden sich die wesentlichen Bestandteile, um Verantwortung zu übernehmen, zu vergeben, Dinge wertzuschätzen und anderweitig mit dem Prozess des Erwachens zu beginnen, in jedem einzelnen Programm, das wir herstellen – unabhängig vom Titel. Für mich hängt das alles mit dem Erwachen zusammen und damit, das wahre göttliche Potenzial in Anspruch zu nehmen. Manchmal vollzieht sich das nur durch einen kleinen Schritt nach dem anderen, wie auf der längsten Reise von Laotse. Ein Erfolg, ganz gleich, ob es ein Sieg beim Basketball oder erfolgreiches Abnehmen ist, kann dazu führen, dass der Einzelne mehr Selbstvertrauen aufbaut und darin bestärkt wird, an sich selbst zu glauben. Deswegen lautet das Motto von InnerTalk® auch: »Es kommt darauf an, an sich selbst zu glauben.« Das schafft Lebensqualität und letzten Endes definieren wir doch alle ein erfolgreiches Leben anhand von Lebensqualität.

Ob Sie nun jemals ein InnerTalk®-Programm benutzen werden oder nicht: Ich würde mir wünschen, dass Sie positive

Schritte einleiten, sobald Sie dieses Buch beiseitelegen. Es mag Ihnen leicht erscheinen, einfach erst einmal bis morgen abzuwarten, um die leichten Grundsätze zu praktizieren, die hier vorgeschlagen wurden. Doch das werden wir nie erleben. Fangen Sie sofort an, aktiv Schritte zu unternehmen, um Vergeben und Vergessen zu praktizieren. Beginnen Sie jetzt, Gelegenheiten zu suchen, bei denen Sie mindestens zwei gute Taten pro Tag tun können. Kaufen Sie sich ein Heft und schreiben Sie diese kleinen »Hilfen« auf, die Sie anderen angedeihen ließen. Notieren Sie Ihre Gefühle dabei. Wenn Sie abends zu Bett gehen, dann denken Sie über den Tag nach und rufen Sie sich Ihre guten Taten in Erinnerung. Nehmen Sie diese Gedanken mit zu Bett. Ich verspreche Ihnen, dass Sie überrascht sein werden, was mit Ihrem Schlaf, Ihren Träumen, Ihrer Gesundheit und Ihrem Glück passiert.

Womöglich stoßen Sie in Ihrer Erinnerung auch auf Sinnbilder, die erneut die wohlig-warmen Gefühle einer Situation in Ihnen wachrufen. Vor Kurzem habe ich mich an so ein Gefühl mit einem breiten Lächeln auf dem Gesicht erinnert, und das ist tatsächlich der Punkt, an dem wir alle anfangen: Wir entscheiden uns, zu lächeln, der Welt mit Freude und Ehrfurcht zu begegnen, gute Taten zu tun und ansonsten die Liebe zu teilen, mit der wir unser Herz bis zum Überlaufen anfüllen. Zu Beginn kann es sein, dass wir das Lächeln simulieren müssen. Früher oder später produziert das Gehirn aber als eine mechanische Reaktion auf das Lächeln gesunde Hormone und Botenstoffe. Unsere Simulation greift und wir werden wirklich zu dem, was wir vorgeben.

Ich weiß, dass Sie sich ein Bild machen können, also fangen Sie bitte jetzt an zu handeln. Das Leben ist ein Wunder und es zu leben macht Freude! Sie sind ein Wunder und ein Geschenk, und Sie geben dieses Geschenk zurück, indem Sie all das sind, wozu Sie erschaffen wurden. Brechen Sie aus dem Hühnerhof aus und werden Sie zum Adler!

Anmerkungen

1. Krishnamurti, J.: *The Collected Works of J. Krishnamurti, 1948-1949: Choiceless Awareness*. Kenall/Hunt Publishing Company, Dubuque 1991
2. Libet, B. Alberts, W. W. und Wright, E. W.: »Responses of Human Somatosensory Cortex Stimuli Below Threshold for Conscious Sensation«. *Science*, 158 (3808), 1597–1600, 1976
3. Joseph, R. Hg.: *NeuroTheology: Brain, Science, Spirituality, Religious Experience*. California University Press, San Jose 2002
4. Bach, Richard: *Die Möwe Jonathan*. Ullstein, Berlin 2007
5. Phillips, David: »Does Belief Influence the Outcome of Certain Diseases?«. *The Lancet*, 342, S. 1142–45, 1994
6. Langer, Ellen J.: *Mindfulness.* Perseus Books Group, New York 1989
7. Anderson, S. M. und Chen, S.: »The Relational Self: An Interpersonal Social-Cognitive Theory«. *Psychological Review*, 109, Nr. 4, S. 619–45, 2002
8. Kierkegaard, S., in: Hong, H. und Hong, E. (Hrsg.): *The Essential Kierkegaard*. Princeton, Princeton University Press, New Jersey 2002
9. Korzybski, Alfred: *Science and Sanity: An Introduction to Non Aristotelian Systems and General Semantics*. Englewood, Institute of General Semantics, New Jersey 1994
10. McTaggart, Lynne: *Das Nullpunkt-Feld. Auf der Suche nach der kosmischen Ur-Energie.* Goldmann, München 2007
11. Taylor, Eldon: *Die Subliminal-Methode, Lernen mit dem Unterbewusstsein.* Goldmann, München 1990

12. Boston University: »Boston University Psychologists Find Neurological Mechanism for Subliminal Learning«, 2005 www.brightsurf.com
13. Mill, John Stewart in: Lernsen, Max (Hrsg.): *Essential Works of J. S. M.: Utilitarianism, Autobiography, On Liberty, The Utility of Religion.* Bantam Books, New York 1961
14. Jampolsky, Gerald: *Lieben heißt die Angst verlieren.* Goldmann, München 2003
15. Taylor, Eldon: *Subliminal Communication: Emperor's Clothes of Panacea.* R. K. Books, Washingtion 1990
16. Taylor, Eldon: *Thinking without Thinking: Who's in Control of Your Mind?* R. K. Books, Washington 1995
17. Epley, Nicholas: »What Every Skeptic Should Know about Subliminal Persuasion«. *Sceptical Inquirer.* Sept-Okt., 1999
18. Bornstein, R. und Masling J. M.: *Empirical Perspectives on the Psychoanalytic Unconscious.* American Psychological Association, Washington 1988
19. Ellis, Albert: *Training der Gefühle – wie Sie sich hartnäckig weigern, unglücklich zu sein.* mvg-Verlag, München 1989
20. Wolman, B. B.: *Handbook of General Psychology.* Englewood Cliffs, Prentice Hall, New Jersey 1973
21. Bower, Bruce: »Neanderthal Neck bone Sparks Cross Talk – Hyoid Fossil May Indicate Capacity for Speech«. *Science News,* S. 262, 1993
22. Hauser, Marc; Andersson, Karin: »Experiments and Observations on Vocal Communication and Acoustic Perception in Captive Cotton-top Tamains and Vervet Monkeys«. *Science News,* Mai, 21, S. 333, 1994
23. Rossi, Ernest: *Die Psychologie der Körper-Geist-Heilung. Neue Ansätze der therapeutischen Hypnose.* Synthesis, Essen 1991
24. Fosar, Grazyna; Bludorf, Franz: *Vernetzte Intelligenz.* Omega, Aachen 2003

25. McTaggart, Lynne: *Das Nullpunkt-Feld. Auf der Suche nach der kosmischen Ur-Energie.* Goldmann, München 2007
26. Lipkin, Richard: »Simulated Creatures Evolve and Learn«. *Science News,* 146. Juli, 23, S. 63, 1994
27. Laszlo, Ervin: »Genius Hypothesis«. *Journal of Scientific Exploration.* 8, Nr. 2, S. 257–267, 1994
28. Weiss, Peter: »On the Origins of Circuits«. *Science News* 156, Sept. 4, S. 156, 1999
29. Sheldrake, Rupert: *The Presence of the Past: Morphic Resonance and the Habits of Nature.* Park Street Press, Rochester 1995
30. Haglein, J. S.; Rainforth, M. V.; Orme-Johnson, D. W.; Cavanaugh, K. L.; Alexander, C.; Shatkin, N.; Davies, S. F.; Hughes, J. L.; Ross, A. O. : »Effects of Group Practice of the Transcendental Meditation Programm on Preventing Violent Crime in Washington D.C.: Result of the National Demonstration Project June-July 1993«. *Social Indicators Research*, 47, 2, S. 153–220, 1999
31. Schwartz, Gary: *The Afterlife Experiments: Breakthrough Scientific Evidence of Life After Death.* Pocket Books, New York 2002
32. McTaggart, Lynne: *Intention – Mit Gedankenkraft die Welt verändern. Globale Experimente mit fokussierter Energie.* VAK, Kirchzarten 2007
33. Krishnamurti, Jiddu: *The Awakening of Intelligence.* Harper & Row, San Francisco 1987
34. Ronald D. Laing: *Die Phänomenologie der Erfahrung.* Suhrkamp, Frankfurt am Main 1969
35. Joseph, R., Hg.: *NeuroTheology: Brain, Science, Spirituality, Religious Experience.* California University Press, San José 2002
36. Wapnick, Kenneth; Tesch, Margarethe, *Ein Kurs in Wundern.* Greuthof, Gutach im Breisgau 1999

Literaturempfehlungen

Arntz, William (Regie) 2005: *What the Bleep do We Know!? Ich weiß, dass ich nichts weiß*, DVD

Bach, Richard: *Die Möwe Jonathan*. Ullstein, Berlin 2007

Beattie, Melody: *Die Sucht, gebraucht zu werden.* Heyne, München 1990

Boone, J. Allen: *Letters to Strongheart.* Prentice Hall, Upper Saddle River 1939

Carpa, Fritjof: *Lebensnetz* Wissenschaftliche Buchgesellschaft, Darmstadt 1996

Cousins, Norman: *Der Arzt in uns selbst: Anatomie einer Krankheit aus der Sicht des Betroffenen.* Rowohlt, Reinbek bei Hamburg 1981

Dyer, Dr. Wayne: *Inspiration.* Hayhouse, Carlsbad 2006

Dyer, Dr. Wayne: *Mit Absicht – den eigenen Lebensplan erkennen und verwirklichen.* Goldmann, München 2005

Foundation for Inner Peace: *Ein Kurs im Wundern.* Greuthof, Gutach im Breisgau 1999

Gill, Mel: *Uncommon Sense.* Pandora Publishing, Singapur 2000

Goswami, Amit: *Physics of the Soul – The Quantum Book of Living, Dying, Reincarnation and Immortality.* Hampton Roads, Charlottesville 2001

Guillory, William: *It's All an Illusion.* Innovations International, Salt Lake City 1987

Guillory, William: *Realizations.* Innovations International, Salt Lake City 1985

Harper, Charles L. jr. Hg.: *Spiritual Information: 100 Perspectives on Science and Religion.* Templeton Foundation Press, West Conshohocken 2005

Hawking, Stephen W.: *Eine kurze Geschichte der Zeit: Die Suche nach der Urkraft des Universums.* Rowohlt, Reinbek bei Hamburg 1988

Hawking, Stephen W.: *Das Universum in der Nussschale.* Hoffmann & Campe, Hamburg 2001

Heart, Angelina: *The Teaching of Little Crow.* Heart Flame Publishing, Virgin 2005

Houston, Jean: *Der mögliche Mensch – Handbuch zur Entwicklung des menschlichen Potentials.* Sphinx, Basel 1984

James, William: *The Compounding of Consciousness.* Kessinger Publishing, Whitefish 2005

James, William: *The Correspondence of William James, Bd. 1–3* University Press of Virginia, Charlottesville 1992

James, William: *Essays on Philosophy.* Harvard University Press, Cambridge 1978

Jampolsky, Gerald: *Lieben heißt die Angst verlieren.* Goldmann, München 2003

Was heilt, ist die Liebe – Schritte zu innerem Frieden. Kösel, München 2001

Keyes, Ken, jrKeyes, Ken, jr.: *Der 100. Affe – Das Plädoyer gegen den Atomwahn.* Hübner, Waldeck-Dehringhausen 1983

Key, Wilson Bryan: *Media Sexploitation.* Signet, New York 1976

Key, Wilson Bryan: *The Clam Plate Orgy.* Signet, New York 1980

King, Godfré Ray: *Reden über »Ich bin«.* Eigenverlag, Long Beach 1959

Krishnamurti, J.: *The Beginnings of Learning.* Phoenix, New York, London 2004

Krishnamurti, J.: *The Awakening of Intelligence.* Harper & Row, New York 1987

Krishnamurti, J.: *The Collected Works of J. Krishnamurti 1948–1949: Choiceless Awareness.* Kendall/Hunt Publishing Company, Dubuque 1991

Laing, Ronald D.: *Das geteilte Selbst*. Kiepenheuer & Witsch, Lengerich 1927

Laing, Ronald D.: *Die Tatsachen des Lebens.* Kiepenheuer & Witsch, Köln 1978

Laing, Ronald D.: *Phänomenologie der Erfahrung.* Suhrkamp, Frankfurt am Main 1969

Langer, Ellen J.: *Fit im Kopf,* Reinbek bei Hamburg, Rowohlt 1993

Lewis, C. S.: *The Screwtape Letters.* Macmillan, New York 1961

Lipton, Bruce: *Intelligente Zellen. Wie Erfahrungen unsere Gene steuern.* Koha, Burgrain 2006

Marie, Terri: *Be the Hero of Your Own Game: A Guide to Master the Game of Life.* Tiki Books, Ontario 2005

Maslow, Abraham H.: *The Farther Reaches of Human Nature.* Penguin, New York 1993

McTaggart, Lynne: *Das Nullpunkt-Feld: Auf der Suche nach der kosmischen Ur-Energie.* Goldmann, München 2007

McTaggart, Lynne: *Intention. Mit Gedankenkraft die Welt verändern. Globale Experimente mit fokussierter Energie.* VAK, Kirchzarten 2007

Mill, John Stuart: *On Liberty.* Penguin Books, New York 1975

Oates, David: *Die geheimen Verführer*. Ullstein, Franfurt/Main, Berlin 1962

Rossi, Ernest: *Die Psychologie von Körper-Geist-Heilung.*

Neue Ansätze der therapeutischen Hypnose. Synthesis, Essen 1991

Rubino, Joe: *Restore Your Magnificence: A Life-Changing Guide to Reclaiming Your Self-Esteem.* Vision Works Publishing, Boxford 2003

Schwartz, Gary: *The Afterlife Experiments: Breakthrough Scientific Evidence of Life After Death.* Pocket Books, New York, 2002

Singer, P. A. D.: *Writings on an Ethical Life.* HarperCollins, New York 2001

Springer, Sally P.; Deutsch, Georg: *Linkes Gehirn, Rechtes Gehirn.* Spektrum Akademie, Heidelberg 1998

Talbot, Michael : *Das holographische Universum.* Droemer Knaur, München 1992.

Taylor, Eldon: *Wellness: Just a State of Mind?* R. K. Books, Medical Lake 1992

Taylor, Eldon: *Little Black Book.* R. K. Books, Medical Lake 1987

Twain, Mark: *Letter From the Earth: Uncensored Writings.* HarperPerennial Modern, New York 2004

Watts, Alan W.: *Psychotherapie und östliche Befreiungswege.* Kösel, München 1981

Watts, Alan W.: *Die Illusion des Ich: westliche Wissenschaft und Zivilisation in der Krise.* Kösel, München 1980

Wittgenstein, Ludwig : *Philosophische Untersuchungen.* Suhrkamp, Frankfurt/Main 1977

Yogananda, Paramahansa: *Autobiography of a Yogi.* Self-Realisation Fellowship, Los Angeles 1979

Danksagung

Wie üblich bedanke ich mich sehr herzlich bei meiner wunderbaren Frau, die mir mit ihrer Ermutigung und Ausdauer beim Bearbeitungsprozess geholfen hat. Danke, Ravinder. Ich möchte auch Suzanne Brady für ihre unermüdlichen und umfassenden redaktionellen Leistungen danken.

Über die Jahre, vor allem in Zeiten der Kontroverse, gab es außergewöhnliche Menschen, die mir fast wie lebendige Engel geholfen haben. Meine Wertschätzung für sie, besonders für Roy, Lois und Pat, kann mit Worten gar nicht auf angemessene Weise ausgedrückt werden.

Ebenso bin ich den vielen Menschen verbunden, die vor mir diesen Weg der Bewusstseinsveränderung gegangen sind und die ich zitiert habe, weil sie mich inspiriert und zu meiner eigenen Entwicklung entscheidend beigetragen haben.

Ich möchte mich auch bei den Tausenden bedanken, die mir geschrieben und sich für meine Arbeit bedankt haben, die in ihrem Leben etwas bewegt hat. Ich kann nicht in Worte fassen, welche Bedeutung diese Notizen und Briefe für mich haben.

Es ist ebenfalls wichtig, eine wunderbare Frau zu würdigen, die eine wahrhaft lebensbestimmende Erfahrung mit mir teilte – danke, Connie.

Und schließlich danke ich Ihnen dafür, dass Sie dieses Buch gelesen haben.

Über den Autor

Eldon Taylor hat in lebenslangen Studien den menschlichen Geist erforscht und einen Doktortitel in Psychologie und Metaphysik erhalten. Er ist Mitglied der Berufsvereinigung American Psychotherapy Association (APA) und nichtkonfessionsgebundener Geistlicher.

Er hat als Ergänzung zu seiner Ausbildung mehr als zehn Jahre als Kriminologe gearbeitet. Er führte Ermittlungen und Tests zur Lügendetektion durch, sowie Supervisionen zu diesen Verfahren. In diesem Arbeitsumfeld begann er mit seinen ersten Arbeiten zum Thema »Veränderung von inneren Überzeugungen«. Dazu zählt eine Doppelblindstudie von 1986 bis 1987 im Staatsgefängnis von Utah. Eldon Taylor ist Präsident und Direktor des Forschungsunternehmens Progressive Awareness Research Inc. Seit mehr als 20 Jahren fördert er durch seine Bücher, Kassetten, Vorlesungen und Auftritte in Radio und Fernsehen die Veränderung des allgemeinen Bewusstseins im Hinblick auf Themen wie Vergebung, Dankbarkeit und Respekt für alles Leben. Eldon Taylor lebt mit seiner Frau und seinen beiden Söhnen auf dem Land im US-Bundesstaat Washington. Neben der Familie und seiner Arbeit sind Pferde seine weitere, wahre Leidenschaft.

Besuchen Sie unsere Internetseite

Wenn Ihnen dieses Buch gefallen hat und Sie mehr über die empfohlenen Techniken erfahren möchten, um zu dem Menschen zu werden, der Sie eigentlich sein sollen, dann besuchen Sie einfach unsere Internetseite:
www.innertalk.de

InnerTalk®-Vertrieb

Deutschland
Axent Verlag
Steinerne Furt 78
86167 Augsburg
Deutschland
Tel.: 0821 70 5011
www.axent-verlag.de

U.S.A.
Progressive Awareness Research Inc.
PO Box 1139
Medical Lake WA 99022
Tel.: 001 800 964 3551
001 509 244 6362
www.innertalk.com
www.innertalk.de

Die deutschsprachigen Originalprogramme der InnerTalk®-Methode von Dr. Eldon Taylor erhalten Sie beim AXENT-Verlag in Augsburg. Derzeit sind 30 verschiedene Titel verfügbar, die laufend ergänzt werden.

Unter www.innertalk.de können Sie auch das Programm *Vergeben und Verzeihen* kostenlos downloaden.

Dr. Joseph Murphy

Die Macht Ihres Unterbewusstseins

288 Seiten, gebunden mit Schutzumschlag
ISBN: 978-3-7205-2698-4

Die *Macht Ihres Unterbewusstseins* ist eines jener Bücher, die den Geist unserer Zeit entscheidend geprägt haben – ein Jahrhundertwerk und Weltbestseller. Dr. Joseph Murphy, der berühmte Wegbereiter des positiven Denkens, hat darin das Geheimnis des Glaubens, der Berge versetzt, ergründet. Er zeigt, wie wir die Kraft, die in unserem Unterbewusstein verborgen ist, in uns wecken und schöpferisch nutzen können.

»Es gibt nur wenige Bücher, die den ›Zahn der Zeit‹ gut vertragen; das vorliegende Buch gehört zu den ganz wenigen, die der Folge-Generation sogar noch mehr zu sagen haben als den Lesern zur Zeit des ersten Erscheinens.«
Vera F. Birkenbihl

ARISTON